ピースボート

水球一周記

三大洋101日間の旅

祇園全禄

海鳥社

④

⑤

⑥

【写真説明】 ①マルタのピース・ラボとの交歓会 12.12／②ブラジル・ベレンの市 12.31／③ケニア・モンバサ港での歓迎の踊り 11.20／④アマゾン川・野生ワニの観察 1.2／⑤操舵室の見学 11.20／⑥ジブラルタルの岩を望む 12.20／⑦ベトナム「子どもの家」にて 11.9／⑧エクアドル・キト上空で見たブロッケン現象 1.5／⑨フォーマルディナー 11.28／⑩洋上運動会 11.19

⑩

①

②

③

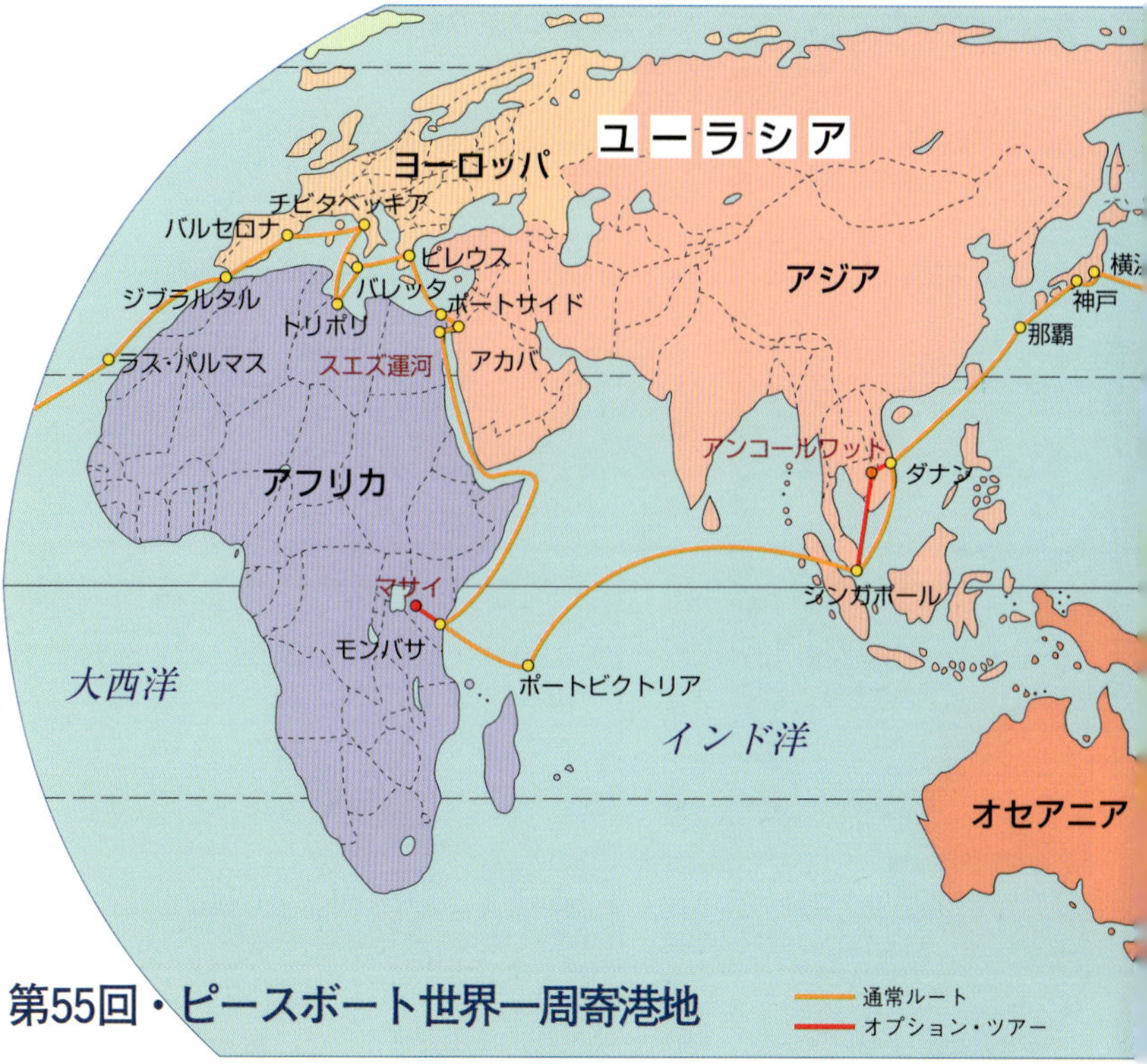
ユーラシア
ヨーロッパ
チビタベッキア
バルセロナ
ピレウス
ジブラルタル
バレッタ
ポートサイド
トリポリ
ラス・パルマス
スエズ運河
アカバ
アジア
横浜
神戸
那覇
アンコールワット
ダナン
アフリカ
シンガポール
マサイ
モンバサ
ポートビクトリア
大西洋
インド洋
オセアニア
第55回・ピースボート世界一周寄港地
通常ルート
オプション・ツアー

⑦

⑧

⑨

トパーズ号（TSS The TOPAZ）

アマゾン川にて　1.1

上より，快晴のインド洋　11.15
ルソン海峡9メートルの波　11.7
船室の窓から見る紅海　12.2

ベトナムのダナン港の朝　11.9

インド洋上のサンセットに集まる人々　11.18

カンボジア・シェムリアップの街にて　11.10

ストリート・チルドレン職業訓練施設　11.9

カンボジアのアンコールワット遺跡　11.11

アンコールトム遺跡　11.11

アンコールトムの街にて　11.11

カンボジアのタ・プローム寺院にて　11.11

アンコールワット遺跡に昇る朝日　11.11

バケン山の落日　11.10

ケニア・マサイマラ
国立保護区でのゲー
ム・ドライブ　11.26

一息ついているライ
オンの夫婦　11.26

バッファローの群れ　11.28

ヨルダン・ワディラムのベドウィンの家　12.4

ワディラムの岩山　12.4

ペトラ遺跡。エル・ハズネ　12.5

峡谷と左壁面は水路　12.5

ペトラ遺跡の神殿群　12.5

エジプト，落日近いスフィンクスとピラミッド　12.8

クフ王のピラミッドの前で　12.8

ギザのピラミッドのパノラマ展望所　12.8

モスクを背にしたスエズ運河の落日　12.7

マルタのバレッタ港　12.12

地中海に面したリビアのレプティス・マグナの円形闘技場（コロシアム）　12.13

レプティス・マグナの古代ローマ遺跡，フォーラム　12.13

セウェレス帝の大門　12.13

スペインのカサレスの村　12.20

フィレンツェのドゥオーモ（大聖堂）　12.15

ガウディ作。カサ・ミラ邸　12.20

フィレンツェのヴェッキオ橋　12.15

ジブラルタルの岩　12.20

ジブラルタルの夕日　12.21

アマゾン川（手前）とネグロ川（奥）の合流点　1.1

地中海を航行するタンカー　12.10

波静かな大西洋　12.28

インド洋上の巨大な虹　11.19

太平洋のサンライズ　2.2

インド洋上のサンライズ　11.27

太平洋上のサンセット　2.3

空と水平線，合体の太平洋　1.18

アマゾン川で迎える2007
年の初日の出　1.1

ベネズエラ・エンゼルフォールを機内より見る　1.5

グアテマラ・ティカル遺跡のこうもりの宮殿とⅢ号神殿　1.12

グアテマラのフローレスの少女　1.14

ティカル遺跡・Ⅰ号神殿　1.12

アメリカ，ヨセミテ国立公園のエルキャピタン　1.23

ハーフドーム　1.23

ミラーレイクに逆さに映るハーフドーム　1.23

ガラパゴスアシカ　1.9

ハワイ，モアナルア・ガーデンの木　1.29

ガラパゴスリクイグアナ　1.11

ワイキキ・ビーチ　1.30

はじめに

ある日妻が、ピースボートによる世界一周船旅のことを、つれづれ話の話題にしました。日頃の独りよがりのくせが出て、馬耳東風《ばじとうふう》、全く意に介さず意識もしませんでした。

忘れかけた頃、妻がたまたま見たピースボートによる世界一周船旅のポスターのことを話しました。突然、行ってみようという気になり、妻も快く同意しました。

人は突然、予期しないことに出会い、予想しない情況になることがあります。ドイツの哲学者O・F・ボルノーの「出会い、偶然」の高説を思い出しました。

インターネットで情報を集め、妻ともども説明会に参加し、パンフレットを見て即断しました。意味づけは後からしていきました。

行く先々での体験はまさに「目から鱗《うろこ》」、点から点への旅であるというのに……。観念の世界だけでは想像できない開眼がありました。世界遺産の素晴らしさ、社会に奉仕している多くの日本人がいることを、書き残しておきたいと思いました。

書き残すとなれば、書き残すことの意味を示さなくてはなりません。

「地球」ならず「水球」と、「ものを見ていくめがね」、「水」と「他者への奉仕」をキー・ワードに本書を記しました。

今回の船旅は、二〇〇六年十一月三日から二〇〇七年二月十一日までの一〇一日間にわたるものでした。

寄港地（国）は、那覇（日本）、ダナン（ベトナム）、シンガポール（シンガポール）、ポートビクトリア（セーシェル）、モンバサ（ケニア）、アカバ（ヨルダン）、ポートサイド（エジプト）、ピレウス（ギリシア）、バレッタ（マルタ）、トリポリ（リビア）、チビタベッキア（イタリア）、バルセロナ（スペイン）、ジブラルタル（ジブラルタル）、ラス・パルマス（カナリア諸島）、ベレン（ブラジル）、ラグアイラ（ベネズエラ）、クリストバル（パナマ）、プエルトケツァル（グアテマラ）、サンフランシスコ（アメリカ）、ハワイ（アメリカ）です。

これらの寄港地から、オプション・ツアーとして、世界遺産（自然遺産、文化遺産、複合遺産）の地、カンボジアのアンコールワット、ブラジルのアマゾン・ジャングル、ベネズエラのギアナ高地、エクアドルのガラパゴス諸島、グアテマラのマヤ文明の地・ティカルを訪れました。

いずれも素晴らしいもので、まさに「目から鱗」の感、ここに極まれりでした。

また、寄港地での短期ツアーでは、ベトナムのダナンでのストリート・チルドレンのプログラム訪問、セーシェルのマヘ島巡り、ケニアのマサイマラ国立保護区でのゲーム・ドライブ（野生の猛獣観察）、ヨルダンのワディラム砂漠、ペトラ遺跡の探訪、スエズ運河通行、エジプトのギザのピラミッド巡り、ギリシアのパルテノン神殿探訪、マルタでの平和の交流、リビアのトリポリのレプティス・マグナの古代ローマ遺跡探訪、イタリアのフィレンツェ散策、スペインのガウディの芸術探訪、ジブラルタルとスペインの白い壁の村カサレス散策、カナリア諸島のグランカナリア島巡り、ブラジルのベレン散策、エクアドルのグアヤキル探訪、グアテマラのグアテマラ・シティー、古都市アンティグア散策、サンフランシスのヨセミテ国立公園探訪、ハワイのオアフ島巡りなど多彩なものでした。

この地球一周船旅の乗客はおよそ八五〇人で、一歳から小学生・高校生を含め、最高齢では九十五歳の人、障害を持っている人、夢と希望を持ち未来社会建設のため真摯《しんし》な探究・実践をしている若者、白髪頭の元気なシニア世代と、多彩な人々でした。

また、ベトナムで、ケニアで、中近東、南米など多くの地域で、それぞれストリート・チルドレンや社会的弱者のために人生を捧げている日本人、南米の移民二世として六十数年の苦節の末、現地ガイドとして活躍している日本人、英語、スペイン語を自由に使いこなし、船旅をコーディネートする若きコミュニケーション・コーディネーター（C・C）たちと、異彩を放つ活動をしている多くの若者がいることを知る旅でもありました。

世界遺産の素晴らしさと、健全な社会建設のために日夜頑張っている多くの若者がいることを、未来社会を担っていく中学生や高校生、また、中・高校生を持つ親、多くの人々に伝えたいと思いました。

多くの若者が活躍し、世界遺産・地球遺産の素晴らしさを知り、「夢と希望と理想」を持ち、その実現に向けて歩んでいくことを切に願っています。

二〇〇七年七月

祇園全禄

ピースボート・水球一周記
三大洋101日間の旅

目　次

第2章　ケニア〜エジプト

第3章　地中海〜カナリア諸島

第4章　大西洋〜太平洋

プロローグ

トパーズ号

「水球」一周事始め

「水球」とは奇異な、うがった言い方です。人々が住み、日々暮らしているのはまぎれもなく、この「地球」の「地」なのです。「地球」を曲げて、あえて「水球」なんぞとは、奇異な感じがします。

しかし、外洋客船「トパーズ号」に乗り、丸い水平線を見、日毎、大海原に昇る朝日、沈む太陽を見、コバルト・ブルーの鏡のような凪《なぎ》と荒れ狂う波間に身を置き、時には一日中水平線を見ている船旅で地球を一周していますと、ついつい「水球」と言いたくなるのです。

筆者は常々、発想の転換ということをはじめ、本書一六ページに記しているように、たまには〝めがね〟をかけ直して物事を見ることも必要かと思っています。例えば、歴史を見、考える時、陸地中心ではなく海から見ていくと、今までの解釈も違ってくるという、「陸地史観」から「海洋史観」への転換ということが思い浮かびます。地理学的にいうと「陸半球」、「水半

船の舳先より　11.20

球」という仕分けもあります。

「地球」を「水球」とあえて言うことで、少しばかり違った見方ができるのかも知れません。

今回の船旅は、二〇〇六年十一月二日に横浜港を出港し、神戸港を経て、東シナ海、ルソン海峡、南シナ海、マラッカ海峡、インド洋、アラビア海、紅海、スエズ運河、地中海、大西洋、カリブ海、パナマ運河、太平洋といくつもの海、海峡、運河を航海し、二〇〇七年二月十一日に神戸港に帰ってくるというものです。

この船旅は、非営利・非政府組織（NGO）の国際交流団体「ピースボート」が企画・組織し、㈱ジャパングレイスが旅行業務を担当し、パナマ籍の外洋客船「トパーズ号」により航行するものです。

ささやかな「地球」の旅

今までも、いくつかの旅をしました。ささやかなものですが、特に印象が強かった「地」を思い出してみます。

オーストラリア太平洋岸のシドニーからインド洋岸のパースまで、約四三五二キロの乾燥地帯を、三日三晩、六十八時間三十分走り続ける「インディアン・パシフィック」号の旅。列車の中からオーストラリア大陸の大地の地平線に昇る朝日、沈む太陽を見、世界最長四七六キロの直線区間のナラボー平原の走りは「地」の大きさを実感するのに充分でした。

ハバロフスク付近のタイガ地帯を走るシベリア鉄道の旅、ロンドンからパリへ向けてドーバー海峡トンネルを通過するユーロスター、スイスのチューリッヒからアルプス山脈の高地アンデルマットを経て、イタリアのミラノ、フィレンツェ、ローマ、ナポリまでアウトストラウゼ・デル・ソーレ（「太陽道路」）を走り抜け、それぞれの地域の景観の移り変わりに感動した旅、フランクフルトからデュッセルドルフに向け大地が起伏しているケスタの地形を肌で感じたアウトバーンの走りなど、いずれも「地球」の「地」を体感したものでした。今はもうなくなったのですが、東京からアラスカのアンカレッジを経由し、ノースポール（北極点）を越えてロンドン入りした北回り航路、眼下に広がる氷の大地、ツンドラ、氷蝕《ひょうしょく》湖など、「地球」の「地」を感じたものでした。

偶然のいたずら

なぜ今回、この船旅なのでしょうか。突然と偶然のいたずらとしか、言いようがないようで

神戸中央埠頭より
乗船・出発　11.3

す。なぜならば、この船旅は相当前から考え、用意周到に仕組まれたものではないからです。

五十八歳まで福岡の地に根付いて働き、それ以降は桜とリンゴの郷・弘前へ、福岡からほぼ毎週通いつづけた七年間、福岡－青森空港間約一五〇〇キロ・六百回程度の航空機での往来も、六十五歳の定年をもって終わりました。

四十三年間の社会的使命のくぎりを境に、これからの、妻とともに歩む生き方・在り方を探っていました。当初は、アジアでのロング・ステイの生活に興味を持っていろいろと検討した時期もありましたが、実現はしませんでした。

この二年間は、家のリフォーム、ライフワークとして五〇〇ページを超える『福岡県地理教育実践史』の執筆、定年記念旅行の「ヨーロッパ心ゆく旅」、信州・立山・黒部、石垣四島探訪、次男ファミリーが在住するシンガポールの往来、大学院での非常勤講師、会社の顧問、若い教師たちとの定例学習会、博多の名刹の総代などをしながら、自分だけのための人生ではなく、少しばかり社会との接点を求めていく生き方・在り方を探っていました。

そんな折、妻が「ピースボートによる地球一周の船旅」のことを話題にしましたが、その時は馬耳東風でした。

完全に忘れていたある日、突然また妻が、ピースボートによる船旅のことを話しました。今度は、なぜか話を聞き、引き込まれていきました。

「これだ。これにしよう。地球一周をしてみよう。新たな世界が開けるかも」

「出会い」と「決断」の日は、ある日突然やってきました。

「地球一周の船旅」への心の高鳴り

迷いなく、「地球一周の船旅」の説明会に妻とともに参加し、説明会の日に即刻申し込みをしました。その後、何度かの説明会に出、また、インターネットなどによる情報も得、神戸港でのトパーズ号の乗船案内会にも参加しました。

なぜ、「ピースボート」なのか、パンフレットから一文を引用します。

一九八三年にはじまったピースボートの船旅。東西の冷戦下にあって、国境を越えること自体が困難だった当時から二十三年が経ちました。これまで二万五〇〇〇人の参加者とともに、一〇〇を超える港で世界の人々と民間レベルでのネットワークを築きあげてきました。

神戸港での出発の様子　11.3

ピースボートが「船を出す理由」。それは、誰もが気軽に参加できる「場」をつくることにあります。世界中でおこった事件や、いま進行していること、そんなことを「知る」ことのできる場。そこに暮らし、それぞれが抱える問題に対峙する人たちと「出会う」ことができる場。そしてともに「行動する」ための場。これらの「場」を具体的に提案していくのが、ピースボートの役割なのです。〔下略〕

観光旅行もいいものです。でも、少しばかり、世界の状況や国際的に問題になっていることに触れ、新しいことを知り、発見し、視野を広げ、ささやかな実践をしていくことは必要なことと思っています。

行くと決めてしまえば、事前の準備はできるだけ綿密にしようと思いました。計画は細心・綿密に、実行は大胆に、そして言行は謙虚にをモットーにしようと思いました。三カ月間も家を空けることへの事前準備も大変でしたが、心は子どもの時の遠足の前の日のように高まるばかりでした。

〝めがね〟をかけて見る

せっかく、地球一周の船旅に出るのですから、体験を独り占めにしないで、体験記を残しておきたいと思いました。「ピースボートによる地球一周の船旅」の体験記はインターネットでさまざまなものを見ることができます。文章で詳しく、臨場感あふれるように記したものから、日記風のもの、写真で語るもの、著書などさまざまです。

本書では、これまで紹介されたようなものではなく、寄港地の模様やオプション・ツアーの中から可能な限り焦点をしぼって報告していきたいと思います。その際、ものを見る〝めがね〟をかけて見ていきたいと思います。

〝めがね〟とは聞き慣れない言葉と思うでしょうが、人はものを見る時、自分流の見方をしているものなのです。

例えば、社会で起こった出来事を伝える新聞の場合、書く人・編集する人の見方・考え方が入ってきます。出来事の真実は一つなのに、伝える新聞各紙の解釈は異なっています。また、地図で地表のことを表していく場合、何をどのくらいの大きさで、どのように表していくかによって地図そのものの性格が異なってきます。地図は目的によってその性質を異にしているのです。地図は客観的なものだと思うでしょうが、地図を表す人の見方・考え方が入っているのです。地図は一定の約束のもとでのみ客観的となりうるのです。人はものを見たり、考える時、自分流の〝めがね〟をかけて見ているものなのです。

見送りの親族に手を振る筆者と妻　11.3

十の〝めがね〟

通常、人がものを見、考える時、自分流の見方・考え方で見ていきます。例えば、歴史を見る、考える時、自覚の有る無しにかかわらず歴史観をもって臨んでいます。

しかし、時には、違った〝めがね〟をかけて見ると、また、目の前が開けてくるかも知れません。ここでは十の〝めがね〟を準備しました。「地球一周」寄港地あれこれのところで、この十の〝めがね〟のいずれかをかけて表しています。

十の〝めがね〟とは、次のような「見方」です。

①ありのままに見る。見たまま、感じたままに見る。
②体験を通して見る。行動を通して見る。
③比較したり、関連づけたりして見る。

④見る目を動かして見る。一つの場面だけでなく、連続して見る。
⑤三六〇度回転させて見る。逆の立場に立って見る。
⑥なぜなのかという問いを持って見る。問いの答えには「おそらくこうだ」がついてくる。
⑦共通することとそこにしかない独自のものとして見る。
⑧ものを見る時に応用、発展できるように見る。
⑨そうかなあ、という疑問や疑いをもって見る。
⑩建設的で前向きな批判の目で見る。

なお、「みる」には「見る」、「観る」、「看る」、「視る」、「診る」、「覧る」などさまざまな漢字があてはまります。

また、ものを見る時、表面的なことを見る場合と、その奥にある本質的なものを見る場合とがあることも付け加えておきます。

船内生活あれこれ

今回の船旅は、横浜港から約四五〇人、神戸港から約四百人の人が乗船したと聞いています。乗組員はギリシア人の船長ディオニシオス・クッカリスはじめ約六三〇人ですから、この船に

上＝自主企画・朝6時からのラジオ体操　11.7
下＝スポーツ・デッキでの活動　11.6

は約一四八〇人の人が乗船していることになります。

乗客・乗務員とも世界各国のさまざまな人々が集い、全長一九五メートル、三一五〇〇トン、九階建ての「トパーズ号」で、いわば「ピースボート村」を作っているかのごとくです。

「ピースボート」の趣旨に見合うイベントも、寄港地にちなんで数多く組まれています。例えば、ベトナムに寄港前後には、ベトナムでストリート・チルドレンとともに暮らし寄り添って活動をしている人の講話、モンバサ寄港前後にはケニア最大のスラム・キャベラでストリート・チルドレンのための寺子屋をスラムの人たちとともに運営している人の講話と、多くの人々の心に一石を投げる催しなどが組まれています。

「ピースボート村」の人々は、法に違反することや船内生活での最低限の決まりに反すること以外は、基本的に自由なのです。ですから、自主企画として、英会話、ダンス、コーラス、卓球、太極拳、パソコンなどの教室が開かれています。その数は、一

避難訓練　11.4

○一日間で企画総数三六七と多種多彩なものです。したがって、各教室の開催時間帯の調整も大変なようです。「地球大学」、「ネイティブによる英会話教室（ＧＥＴ）」、スペイン語講座、アラビア語講座なども開かれ、洋の東西、老若男女を問わず、交歓と交流が行われています。

寄港地での現地の人々との交流・交歓活動、ミニ観光、世界遺産を巡るオプション・ツアーも多く、「ピースボート」の村民一人ひとりのニーズに見合ったプログラムが組まれています。若者同士のお相手探し、シニアの茶飲み友達探し、乗船期間中限定の「とりあえずのお付きあい・恋愛」もあるようです。

「地球一周」寄港地あれこれ　神戸港から神戸港へ

トパーズ号で、朝な夕なに「水球」を実感しながらも、一旦、「地」に接し、「地」に上ると、そこには生きとし生けるものが息づいています。草や花、木々、虫、鳥、魚、動物、そして人間。暑さ、寒さ、雨、雪、氷、平野、山、砂漠、ジャングル。

無限の連想を与える大海。
大西洋上にて　12.26

人間が神に近づくため、神の声を聞き、敬虔《けいけん》になるための、また力を持つ人間が力を誇り、それを世に示すシンボルとしての歴史遺産。そしてそこには、生まれながらに人としての尊厳をないがしろにされた多くの人々がいました。「人間とは何か」を静かに想う時間もありました。

先に記したように、今回のトパーズ号の寄港国は、日本、ベトナム、シンガポール、セーシェル、ケニア、ヨルダン、エジプト、ギリシア、マルタ、リビア、イタリア、スペイン、ジブラルタル、カナリア諸島、ブラジル、ベネズエラ、パナマ、グアテマラ、アメリカです。

寄港地を一旦離れるオプション・ツアーも組まれています。カンボジアのアンコールワット遺跡巡り、ケニアのマサイマラ国立保護区でのゲーム・ドライブ、ブラジルのアマゾン川とギアナ高地ツアー、ガラパゴス・ツアーなどです。また、寄港地周辺の短期のオプション・ツアーも多種多様に設けられていました。

今回の船旅で、特に記しておきたいこと、記憶に残る交流・交歓、世界遺産の中から、二十六例を選び出してみます。

第 1 章

沖縄～インド洋

ベトナム・ダナン港の朝　11.9

沖縄　糸数《いとかず》アブチラガマ体験

　沖縄へは、過去何度も訪れています。最近では、二〇〇六年の二月に妻と石垣四島巡りをし、福岡に帰る途中、那覇空港からモノレールで首里城を訪れました。

　那覇空港から直接市の中心街に乗り入れることができたのも驚きですが、モノレール沿線近くの町並みが整備され、開発が進んでいるように見受けられました。沖縄の歴史のシンボルの一つである首里城は、復興・整備され、那覇市の近代化を感じました。

　ピースボートの企画では、「沖縄戦の最前線をゆく――南部戦跡巡り〈検証〉」、「市民が止める辺野古《へのこ》の米軍基地建設〈検証・交流〉」、「読谷村《よみたんそん》で知る戦争と米軍の真実〈検証〉」、「琉球《りゅうきゅう》王朝の歴史を探訪――琉球世界遺産巡り」の四つが組まれていましたが、五歳の頃戦争被災体験を持つ者として、壮絶であった沖縄の南部戦跡巡りを選び、今一度巡ることにしました。

第五十五回ピースボート地球一周の船旅・寄港地プログラム案内の中に、次の一文があります。

南部戦跡巡り

一九四五年四月一日に沖縄本島中部の西海岸に米軍が上陸し、七月二日の米軍による沖縄作戦終了宣言までの間に、十万人以上の一般の人が犠牲に遭いました。三ケ月間続いた、「鉄の暴風」と呼ばれた米軍からの攻撃により、多くの島民が日本兵とともに本島の南端へと追いつめられていきます。沖縄南部には今もその足跡がくっきりと残されています。集団「自決」が多数起こったガマ（自然の壕《ごう》）、看護隊員として軍に同行した女子学生らの体験を伝えるひめゆり資料館、戦没者の名を刻んだ平和の礎などを、現地平和ガイドの案内でめぐります。島の美しい自然と、その「悲劇」の対比に、平和の尊さを改めて考えさせられることでしょう。

南部戦跡巡りは、「平和ガイド」の案内で始まりました。南部戦跡は、以前数回訪れたことがありますが、かなり前であったこともあり、また今回は、平和記念資料館、平和の礎《いしずえ》など、以前訪れた時にはなかったものも作られていたので参加しました。そして何よりも現地の平和ガイドの案内があったこと、糸数アブチラガマの中に入って壕体験ができることなど、貴重な体験ができるものと、このプログラムを選びました。

二〇〇六年十一月五日、トパーズ号を離れ、沖縄の激戦地「嘉数《かかず》の丘」へ向かいました。この丘の上からは普天間《ふてんま》飛行場が見えます。前田の丘も見えます。

一九四五年四月一日、米軍は読谷村に上陸、同年四月八日には嘉数に侵攻、嘉数は激戦の地となりました。嘉数の丘から見える前田の丘には、当時七つの砲台があったのですが、いずれも未使用のままだったのです。砲台から攻撃すると大砲の位置を米軍に悟られるからとのことです。

平和の礎　11.5

眼下に広がる普天間飛行場は、米軍が侵攻し占領した後に日本本土空襲のために作られたものです。滑走路は二八〇〇メートル、付近には飛行場を囲むような形で、幼稚園、小・中・高等学校、大学があり、また住宅も密集しています。

この施設は古くなっていることもあり、移転問題が起こりました。代替の地は辺野古ですが、米軍は普天間飛行場を作った時から、辺野古に作りたいと考えていたとのことです。

ひめゆりの塔、平和記念館では、ガイドさんの〝おば〟の話を襟《えり》を正して聞きました。

摩文仁の丘　11.5

魂魄《こんぱく》の塔は、市民が作った最初の塔であり、国立の摩文仁《まぶに》の丘の忠霊塔ができるまでにおよそ二八〇体の遺骨があり、ガイドさんが子どもの頃には、見ることもあったと言われていました。また、この付近では農作物がよく育つとのことで、なぜなのかおわかりですかとも問われました。

平和の礎には、日本人、韓国人、アメリカ人など一般市民、軍人問わず、太平洋戦争で亡くなったすべての人々の名が刻まれています。

糸数アブチラガマ

日も暮れ始めた頃、懐中電灯を手に持ち、頭にはヘルメットといういでたちでアブチラガマへ向かいました。南城市玉城《みなみぐすくしたまぐすく》発行のパンフレット「糸数アブチラガマ」には、次のように記されています。

アブチラガマは、沖縄本島南部の南城市玉城字糸数にある壕です。沖縄戦時、もともとは糸数集落の避難指定壕でしたが、日本軍の陣地壕や倉庫として使用され、戦場が南下するにつれて南風原陸軍病院の分室となりました。軍医、看護婦、ひめゆり学徒隊が配属され、全長二七〇ｍの壕内は六〇〇人以上の負傷兵で埋め尽くされました。昭和二十年（一九四五年）五月二十五日の南部撤退命令により病院が撤退したあとは、糸数の住民約二〇〇人と生き残り負傷兵、日本兵の雑居状態となりました。その後、米軍の攻撃に遭いながらも生き残り、八月二十二日の米軍の投降勧告に従って、住民約二〇〇人と負傷兵は壕を出ました。

このパンフレットを読み、いよいよアブチラガマに入ります。

日も暮れ始めた午後五時頃、ガマに向かいました。ヘルメットをかぶり、軍手をし、懐中電灯を片手に、観光案内所から歩いて数分でガマの入り口に着きました。

ガマの入り口は幅約一・五メートル、高さ八〇センチくらいのもので、腰をかがめて、横向き加減でやっと入ることができました。入ると一気に幅七〇センチくらいの石段がかなりの急勾配でガマの中へと続いています。懐中電灯をかざして慎重に歩を進めます。ガマは真っ暗で、下にどのくらい続いているのか不安な気持ちになってきました。

どのくらい歩いたでしょうか。暗くて、勾配が急な幅の狭い石段、随分長く歩いたように感じました。

少し広い所に着きました。鍾乳洞《しょうにゅうどう》のようなところです。石柱と石筍《せきじゅん》らしきものを見ることができます。ガイドさんの指示で、全員懐中電灯を消しました。静寂な暗黒の世界が広がりました。何一つ見えない、音一つ聞こえない世界。恐ろしいほどの静寂な時、暗黒の時が過ぎていきます。

かつてここは、多くの人々が暗闇の中で、米軍の攻撃におびえ、肩を寄せ合い、時を過ごし

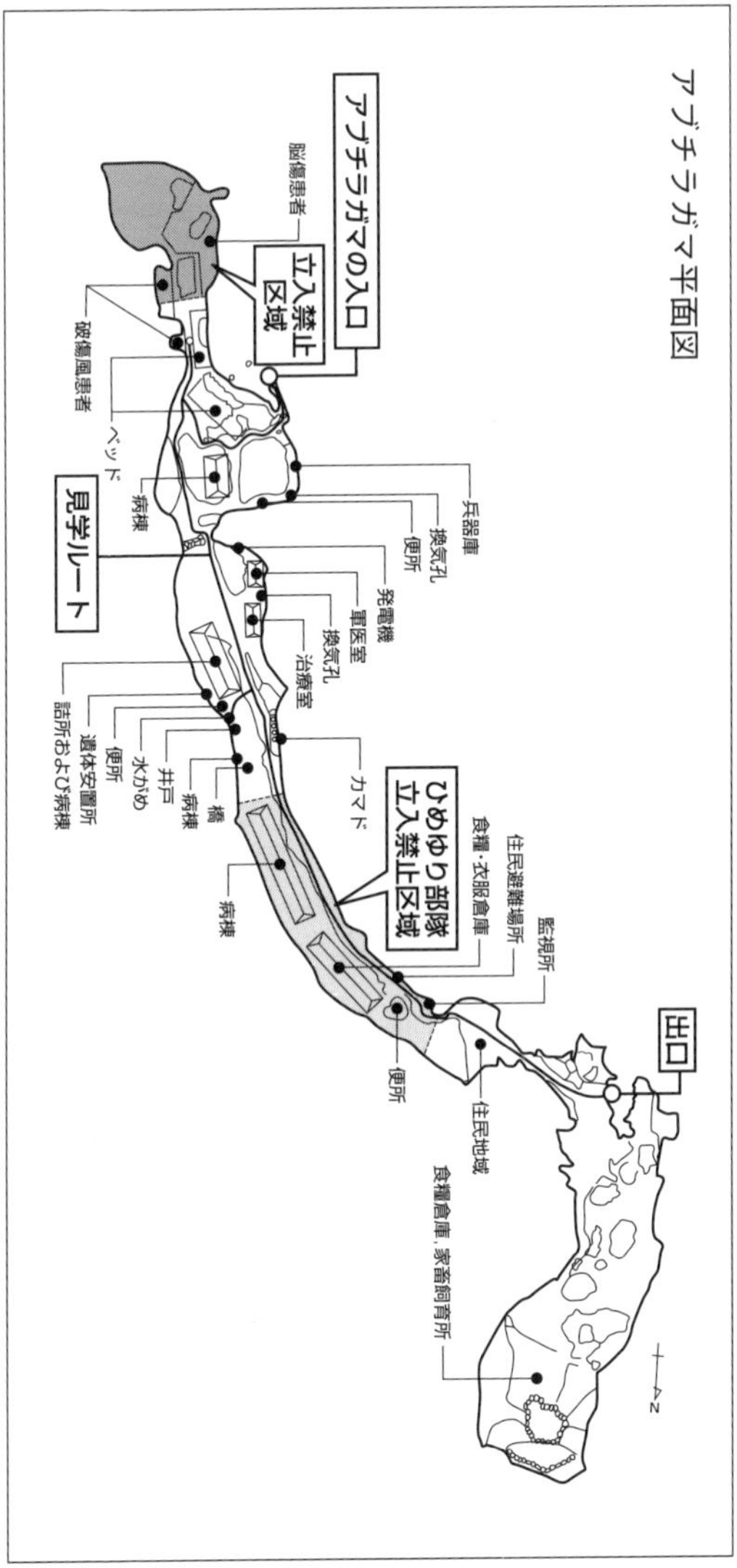

ていた所です。当時の人々の置かれた状況・心情を想像するには充分でした。

筆者が五歳の頃、米軍のB29の攻撃が連日のように続き、警戒警報が鳴り、焼夷弾《しょういだん》の絨毯《じゅうたん》爆撃で、夜空が夕焼けのように真っ赤に染まった中を飛んでいたB29の翼の鋲《びょう》一つひとつの強烈な印象は、六十数年経った今でも脳裏から消えないのです。爆撃は極みに達し、もはやこれまでと、そんな中を母に手を引かれ、一家は付近の壕に指定されていた当時未完成だった関門国道トンネルの門司側（福岡県北九州市）入り口付近に避難しました。

避難した未完成の関門国道トンネルの中は、多くの人々がうごめき、うめき、まるで地獄図のような世界でした。おびえ続けた一夜が過ぎた翌朝、トンネルを出ると、我が家も付近の家々も何もなく、ただ、焼野が原があるのみでした。そんなあの日と重なってきます。ガマの中の暗黒・静寂の世界は、幼かった日の戦争被災体験と重なって胸が高まり、息苦しいものでした。

ガマの中には、兵器庫、軍医室、治療室、詰め所および病棟、食糧・衣服倉庫、住民避難場所、カマド、井戸、水がめ、便所、換気孔などがあります。鍾乳洞ですから、中に川が流れていたとのことです。ここでは「水」が命の支えになったことでしょう。

また、ガマの中には当時立入禁止区域もありました。破傷風患者の収容場所、ひめゆり部隊の立入禁止区域などがこれに当たります。

どれくらいの時が経ったのでしょうか。時を忘れ、ガマの中を登ったり、下ったりしながら進み、やがて出口に近づいてきました。急な石段を身をかがめて上り、やっとのことで出口に着きました。外は、もうすっかり薄暗くなっていました。まるで何もなかったような、静かな玉城でした。

ベトナム・ダナン　ストリート・チルドレン・プログラム訪問

ダナン港接岸

二〇〇六年十一月九日午前八時、トパーズ号は、ベトナムのダナン港に接岸しました。小さな漁船が、漁を終えて引き上げています。ここにもあそこにも、点々としています。絵になります。

船は全長七~八メートルくらいのものから、一五メートルくらいのものなどさまざまです。一つの船には大体三、四人くらいの人が乗っています。どんな魚を獲ってきたのでしょうか。巡視艇でしょうか、ベトナム国旗を掲げています。遠くにはタンカーらしき船が停まっています。

ダナン港の景観は、かつて見たベトナム戦争時の映画・ニュースを思い出します。

ダナン港。歓迎の竜踊り　11.9

ダナン港は、あいにくの雨でした。しかし、雨にもかかわらず、ベトナムの青少年を中心に二五〇人近くの人々が、歓迎のために港に集まっていました。女性は白・青・薄赤などのアオザイを着ています。男性は紺の半袖シャツと、おそろいのいでたちです。

長さ一五メートルくらいの竜を、男性六、七人くらいで操り、竜踊りをしています。炭坑節も踊っています。船上からは乗船者がデッキに出て応えています。交流が始まりました。

ここで少しばかり、ベトナムのことやダナンのことについて記しておきましょう。

ベトナム・ダナン

ベトナムの国名はベトナム社会主義共和国です。面積三三万九四二一平方キロメートル、人口約九八六九万人（二〇〇四年）、民族構成はキン族（ベト族）約九〇％、そのほかに約五十以上の少数民族で構成されています。宗教は、仏教が約八〇％、キリスト教が九％、その他、イスラム教、カオダイ教、ホアハオ教が信仰されています。国土は、インドシナ半島東部の細長い形をしています。自然は多様で、変化に富んでいます。

ベトナムのダナンの街　11.9

ダナンは、ハン川の河口にある港市で、ベトナム中部の最大の都市です。ベトナム戦争中は南ベトナム最大の米軍基地が置かれた所です。最近、日系企業の進出が著しく、一九九七年に中央政府直轄地となって以来、経済の振興に取り組み、その成長も著しいものがあります。街には道路いっぱいに走る車やバイクがあふれていて、活気があります。しかし、まだまだ旧きベトナムらしさが残っていることもダナンの特色の一つと言えます。

このダナンでピースボートが準備した選択プログラムは十四種類にわたり、その内容も多彩なものでした。例えば、「ダナンの若者との大交流」、「ストリート・チルドレン・プログラム訪問」、「キラ村でホームステイ」、「フエの子どもの家を訪問」、「ベトナムの原風景を訪ねて」、「古都フエを訪ねて」、「ホイアン日本人街を散策」、「聖地ミーソン遺跡へ」などです。その他、オプション・ツアーとして、アンコールワット遺跡探訪もあります。

この数ある中から、「ストリート・チルドレン・プログラム訪問」とオプション・ツアー「アンコールワット遺跡探訪」を選びました。

ストリート・チルドレン・プログラム訪問

二〇〇六年十一月九日九時四十五分、船内の八階ブロードウェイに集合しました。

交流プログラム参加者は、ピースボートのツアー・リーダー、通訳（C・C）、現地関係者と訪問者四十一名です。集合した場所で、紙バッグをそれぞれが一袋ずつ受け取り、ベトナム入りをします。この紙バッグは訪問する子どもたちに渡すもので、中にはおもちゃ、鉛筆、ボールペンなどの学用品が入っています。

港にあるベトナムの税関を通り、上陸をしました。港に待っているバスに乗り、ダナンの街をおよそ四十分ほど走りました。バスの窓からは自転車、シクロ（自転車タクシー）、バイクタクシーが道狭しとばかり走っているのが見えます（グラビア5ページ参照）。

ダナンの職業訓練施設訪問　11.9

なんとバイクが多いことでしょう。バイクに乗っている人々、特に、女性はマスクをかけています。なぜマスクなのですか、と現地のガイドさんに尋ねると、埃が多いのと紫外線よけとのことでした。

街は、至る所で古い家が壊されて道が広くされ、新しい建物が造られていました。新生ベトナムの息吹を感じます。

最初の訪問先は、ストリート・チルドレンのための職業訓練施設でした。所長さんと三人の

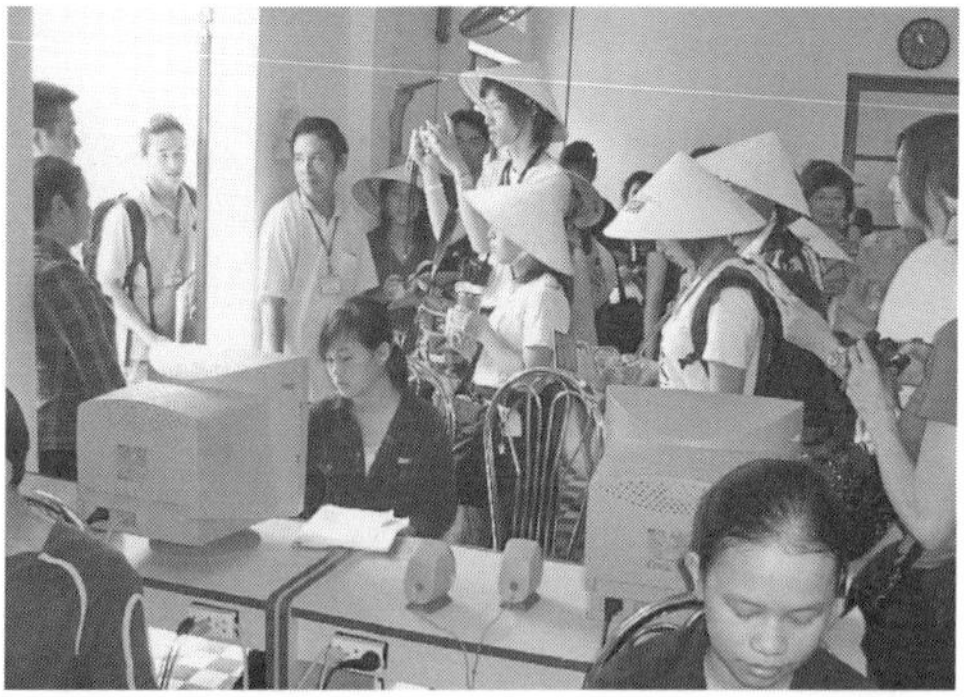

上下＝ストリートチルドレン・職業訓練施設の様子　11.9

職員の方々に出迎えていただき説明を受けました。

訓練施設には、十四歳から十七歳までの男女が将来独り立ちできるように、ミシン、パソコン、刺繍、電気関係の各教室で先生の指導を受けていました。就職率はよいとのことです。ミシンは日本の中古ミシンを使っていましたが、その中にはかなり古いものもありました。そういえば、ＯＤＡ（途上国への開発援助）で日本が一番とのことでした。

刺繍は女の子が丁寧に微細な作業をし、素晴らしいものを作っていました。即売していましたので、見事なものを八ドルで買いました。パソコンは古い機種ですが、子らが英文で一心に練習していました。電気関係のところでは、男の子らがコイルを巻いて小さなモーターを作っていました。

自立していくため、職業訓練施設で技術を身につけることは、最低必要なことだと思いました。

次に、ストリート・チルドレンのための「子どもの家」に向かいました。バスの中

「子どもの家」での交流　11.9

で一グループ、十三、十四人の三グループに分かれました。

子どもの家に着くと早速、昼食をいただきました。子どもの家の先生や十代後半の子らがごちそうを運んだりの手伝いをしていました。感謝の昼食です。

歓談しながらいただいた昼食が終わると、子らと遊びました。おもちゃで遊んだり、折り紙をしたり、会話をしたり、じゃれ合ったり、鉄棒をしたりしました。喜ばれたのは、子らと体を接触しての遊びでした。

二階は子らの居室でした。二段ベッドにゴザを敷いています。よく整頓されていました。別のグループでは子ら皆で絵を描き、それを日本に持ち帰り、日本の小学校で展示し、また、日本の子らの絵とともに次の訪問の時に持ってくるということを考えていました。意味ある交流だと若い人のアイデアに感服しました。あっと言う間もないくらい時は早く経っていました。

帰船後、船内で、講師による「ケニア最大のスラム・キベラ村」の子どもたちの話を聞きました。世界には、例えば、インドのウッタル・プラディッシュ州の子ら、ニカラグア、コートジボアール、フィリッピン・マニラのスラムに住む多くの子どもたちがいます。それぞれのところで、日本人がボランティア的な活動をしていることを知りました。

それにつけても、モノが豊富でほしいものは何でも手に入りそうだが、周りの人の愛に飢えているかの如き感なきにしもあらずの日本の子ら。幸せとは何なのでしょうか。

カンボジア　アンコールワット遺跡探訪

空路、シェムリアップ空港へ

ダナンでのストリート・チルドレン・プログラム訪問を終えた翌十一月十日、シンガポールに向かうことになっているトパーズ号を離れて、オプション・ツアーのカンボジアのアンコールワットに向かいました。

午前九時五十五分、ダナン空港を飛び立ったシルキー・エアライン機は、高度を上げてシェムリアップ空港へ向かいました。先入観からか、機体は古びたものを想像していましたが、日本国内で就航しているＭＤ81などと比べると、新しく清潔なものでした。

三十分を過ぎた頃、雲の間から眼下に視界が開け、緑の密林が見えました。やがて、畑地、灌木帯と進みました。飛行機が高度を下げはじめた頃、一面洪水のため冠水したのではないかと思うほどの広大な浅い沼状の、そして所々緑の草の群落と道路状の直線が走ったような湖が広がりました。カンボジアの雨季は五月頃のはずなのにと、知識のなさと重なり、ただただ見

シェムリアップ空港内の施設　11.13

とれているばかりでした。なんとこれは、東南アジア最大の湖、トンレサップ湖でした。

トンレサップ湖は、カンボジアの生命の水であり、季節によってその大きさや形が変わり、まるで湖自体が生きているようで、「伸縮する湖」とも言われているものです。雨季と乾季の水量の違いが極端で、雨季には湖の面積が三倍にもなり、カンボジアの人々はその巨大な〝生き物〟と共同生活をしています。

トンレサップ湖を機内から見ると、日本で考える湖の概念を変えなくてはならないほどの驚きでした。

日本を離れてさまざまなものを見、接していると、自分の持っている概念が大きく変わってくることは多々あるものです。トンレサップ湖は、日本での常識的な概念を疑い、変えていかなくてはならない第一の事例でした。

機は、シェムリアップ空港へ到着しました。この空港は新生カンボジアの観光の拠点・アンコールワットの入り口だからでしょうか、新しく造られて、まだ日が経っていないのでしょうか。建物や置物など、カンボジア色豊かで、清潔なものでした。

新生カンボジア

カンボジア王国は、インドシナ半島に位置し、北西はタイ、北はラオス、東南はベトナムと、それぞれ国境を接しています。海岸線はタイランド湾に面した約四三五キロで、国土は南北約四四〇キロ、東西約五六〇キロ、面積は約一八万平方キロメートルで、日本のほぼ半分、隣国タイの約三分の一です。人口は約一三三六万人（二〇〇四年）です。

一九五三年、カンボジア王国は独立しましたが、独立後内戦が続き、国際連合の仲裁で内戦が終わり新憲法が作られ、近年ＡＳＥＡＮ（東南アジア諸国連合）に正式に加盟したことをきっかけに活気がよみがえっています。

主な産業は農業、漁業、林業です。農地面積は、カンボジアの国土の二一・六％に及び、人口の三四％が農業に従事しています。近年、観光産業が発展し、期待されています。

アンコール遺跡群の街・シェムリアップ

シェムリアップは、首都プノンペンから北西約三一四キロ、トンレサップ湖の北側にあり、アンコール遺跡群の観光の拠点となっています。

シェムリアップの街は今、ホテルや住宅の建設ラッシュを迎えています。街の至る所でホテル建設の槌《つち》音が聞こえます。赤茶けて乾燥したラテライトの道路に面した中心街での建設が著

上＝左より，シェムリアップの中心街，街の様子
下＝左より，フリーマーケット，シクロ乗場と両替所の看板　11.12

しいようです。ラテライトの煉瓦を素材にしていることもあり、独特の紅い色合いと様式、クメール文字が印象強く目に焼き付きます。

街には高層ビルが見当たらないのですが、それはビルの高さがアンコールワットの寺院より高いものは作ることができないことからきています。

今、ホテル建設ブームに沸いているシェムリアップの街は、活気にあふれています。東南アジア特有の乗り物シクロも多く、ホテルの近くではシクロ運転手の若者が客を待っています。バイクも多いのですが、石油スタンドは少なく、七六〇ミリリットル入りの瓶の中に入った石油が、道路沿いにちょうどジュースか何かのようにして売られていました。

街の中心街にあるフリーマーケットには、各

アンコールワット遺跡
探訪入場券　11.10

国の人々が訪れ、雑貨、食べ物、骨董品などが所狭しと並べられています。ここ数年、観光客の増加に伴い、次々に店が増えているとのことでした。

首都はプノンペンですが、最近はシェムリアップのほうが人口も多くて活気があり、建設ブーム、インフラ整備が進んでいます。これも、カンボジア政府が、観光、特にアンコールワット遺跡群への観光客を多く呼び入れる政策をとっているからなのでしょう。

世界遺産・アンコール遺跡群

アンコール遺跡群巡りは、わずか三日間でしたが、驚異と感動と感激の連続でした。

アンコール王朝は、九～十三世紀にトンレサップ湖の北西の広大な大地に造られました。スーリャヴァルマン二世は、西暦一一一三年からおよそ三十年をかけてヒンズー教ビジュヌ神に捧げる寺院を建設しました。初めにアンコールワットを、また、ジャヤーヴァルマン七世が十三世紀初めにアンコールトムを建立したのをはじめ、六百以上の大小さまざまな寺院が建立されました。アンコールワットはクメール語で「寺のある町」という意味で、最盛期には人口二十万人を超える王朝として、東南アジアに君臨していたといわれています。

近年、カンボジアの国内情勢の安定に伴い、アンコール遺跡群全体の再発掘が始められ、アンコール王朝の威容・栄華をしのぶ寺院が発見、修復されています。

ホテルでの昼食後、まずはタ・ブローム寺院を訪れました。カンボジアの一部の地域はWHO（世界保健機関）からマラリアの汚染地域に指定されているということで、船内でマラリア予防薬ラリアン錠を毎週一回十二週にわたって飲み、マラリア（蚊）防止のため、厚手の白い長袖シャツを着るなどしての探訪でした。

①巨木の根が遺跡にからみついたタ・ブローム寺院　タ・ブローム寺院は、数百年にわたる年月の間に、遺跡にガジュマルの木や根がからみつき、遺跡を破壊しつつあることでも知られています。東西一〇〇〇メートル、南北六〇〇メートルのラテライト材の壁に囲まれた広大な敷地の中にあります。

西暦一一八六年の創建当時は仏教の僧院でしたが、のちにヒンズー教の寺院に改宗されたと見られています。また、僧院には五千人余りの僧侶と六一五人の踊り子が住んでいたといわれています。今、遺跡内の広大な敷地には大木が密集し、探訪路は薄暗く、遺跡にはガジュマルの木・根ががっちりとからみついています。ここでは蛇の彫刻が目をひきました。

探訪の途中、カンボジア内戦当時、地雷に被災した傷痍軍人が四、五人、楽器を奏でてCDを販売していました。また、遺跡の隠れた見所、カンボジアの民族衣装なのでしょうか、民族

上＝タ・ブローム寺院から探訪は始まる
下＝巨大な木の根がからみついている　11.10

衣装をまとった六、七人の若い男女が観光客相手に写真を撮るために待機していました。写真を撮るには一人一ドルを払うようになっています。探訪は、高温多湿のため汗まみれでした（グラビア6ページ参照）。

②感動の夕日――バケン山・山上寺院　次に、アンコールワットから北へおよそ一キロ程のアンコールトム南大門手前左側にある、高さ七〇メートル位のプノンバケン・バケン山の山上寺院に夕日を見に行きました。この寺院は、西暦九〇〇年にヤショーヴァルマン一世が建立したヒンズー教の寺院です。

この山上寺院には夕日を見るために多くの人が丘を上ってきます。だらだら坂をしばらく登り、寺院の境内に着きました。ここから傾斜度六〇度はあるのではないかと思われる幅狭い急な石段を這うようにして寺院に上ります。頂上は人々でいっぱいです。

広大な密林の彼方に沈む夕日は神々しく、感動の極みでした（グラビア7ページ参照）。

③感動の朝日――アンコールワット　十一月十一日午前五時二十分、ホテルを出発しアンコールワットに向かいました。まだ薄暗い中、懐中電灯とかすかに明けようとしている明りをたよりに、アンコールワットの中に入りました。すでに多くの人が朝日が昇るのを見るために来ています。

六時二十五分、少し明るくなり、刻一刻と朝日の昇りを確かめるように時が過ぎていきます。七時三十七分、朝日が昇り始め、七時四十六分、ついに待望の朝日昇天です。感動、感激、至福の時間です。

この寺院は、春分の日と秋分の日には寺院の正面入り口に位置する所から朝日が昇るのように作られているとのことで、今さらながら古《いにしえ》の人の知恵と技術に驚嘆しました（グラビア7ページ参照）。

④アンコールトム、バイヨン寺院、南大門　一旦ホテルに戻り、アンコールトム、バイヨン寺院、南大門へ歩を運びました。

アンコールトムとは「大きい都」を意味しています。ここは十二世紀末にジャヤーヴァルマ

アンコールトム。バイヨン寺院の四面仏顔塔　11.11

ン七世が建造したクメール王国の都なのです。南大門の通路はバスが通り抜けられる幅があり、そこに置かれた四面仏顔塔は、顔の長さだけでも三メートルもある巨大なものです。バイヨン寺院は十二世紀にジャヤーヴァルマン七世が建造した巨大な石の積み重ねといった寺院で、その大きさは驚くばかりです。高さ四五メートルの主塔を中心に五十の塔が立ち並び、それぞれの塔の上には観音菩薩像が置かれています。

　塔は、現在はテラスを囲む形で十六塔あります。バプーオン、象のテラス、ライ王のテラスを見学し、レストランで昼食後、一旦ホテルで休みました。高温多湿のため汗だくです。

　ホテルで休憩後、態勢を立て直していよいよアンコールワット探訪です。

⑤世界の三大仏教遺跡・アンコールワット　前にも記しましたが、アンコールワットはアンコール遺跡群の一つで、その遺跡群を代表する寺院を指しています。大伽藍《だいがらん》と美しい彫刻から「クメール建築の傑作」といわれ、カンボジア国旗の中央に国のシンボルとして描かれています。

　伽藍は砂岩とラテライト（紅土）で建立され、西を正面にしています。境内は東西一五〇〇メートル、南北一三〇〇メートル、幅二〇〇メートルの濠で囲まれています。

バスを降り、環濠《かんごう》の石橋を渡って進んでいきました。石橋を渡り周壁と西大門に着きました。周壁は東西一〇三〇メートル、南北八四〇メートルで、ラテライトで建てられています。西大門は南北約二三〇メートルで、三塔が築かれています。中央に王の門と左右に二つの門があり、王の門の左右では七つの頭を持つ蛇神ナーガが護っています。

西大門を過ぎると、大蛇の欄干に縁どられた参道が伽藍に向かってのびています。参道を進むと前庭があり、そこには南北にそれぞれ経堂と聖池があります。参道から左に曲がると、そこにある聖池の水面に堂宇《どうう》が映し出され、見事な美しさを描いていました。調和の美と言えます。前庭を過ぎると、三重の回廊に囲まれた寺院の五つの祠堂《しどう》がそびえているのが見え、実に神々しいものでした。

アンコールワット　11.11

〈第一回廊〉

第一回廊は、東西二〇〇メートル、南北一八〇メートルで、回廊の壁には多くの彫刻が施されています。この彫刻は、以前は手で触ることができたそうです。そのためか、壁面に彫られた壁画の表面はピカピカに光っていました。残念ながら、現在では触ることができなくなっています。壁画にはさまざまな物語が語られています。ガイドさんの説明にも力が入っていました。

　西面南には、インドの叙事詩である「マハーバラータ」の場面が描かれています。西面北には「ラーマヤーナ」の説話がいくつかあり、特にラーマ王子と猿がランカ島で魔王ラバーナと戦う場面がありますが、この王子の顔はスーリャヴァルマン二世を模しているという説明がありました。

アンコールワットの壁面彫刻　11.11

　南面西にはスーリャヴァルマン二世とその家臣の大臣、将軍、兵士などが描かれています。南面東には「天国と地獄」が描かれています。東面南には、神々と阿修羅が大蛇ヴァースキを引き合ってマンダラ山を回し、海をまぜている場面が描かれています。東面北と北面は十六世紀頃にアンチェン一世が彫らせたものといわれています。神の化身クリシュナと怪物バーナが戦う場面が描かれています。

　このように、寺院内にある彫刻の素晴らしさのみならず、物語としての歴史遺産にも見るべきものがあるのです。

アンコールワット。第三回廊　11.11

〈第二・第三回廊〉

第一回廊と十字回廊でつながっている第二回廊は、東西一一五メートル、南北一〇〇メートルで、十七段の石段を上って入ります。彫刻などなく、何体かの仏像が祀《まつ》られています。そこを過ぎ石畳の中庭に入ると、第三回廊と祠堂を見上げる場所に着きます。

第三回廊は一辺が六〇メートルで、高さは第二回廊より一三メートル高くなっています。第三回廊の頂上に上るには、六〇度位はあると思われる急勾配の、しかもその幅が一五センチ位の狭い石段を上らなくてはなりません。まるで壁を登るがごときものでした。

上ることをあきらめた多くの人々が、第二回廊に座ったまま、第三回廊を眺めていました。

頂上からの眺めは抜群で、周囲は密林状の木々に囲まれています。四隅と中央には須弥山《しゅみせん》を模した祠堂があり、本堂となる中央の祠堂の高さは六五メートルです。かつて本堂にはヴシュヌ神が祀られていたといわれていますが、現在では壁で埋められ四体の仏像が祀られています。壁面には王宮の舞姫を模したというたくさんの女神が彫られ、多くの人々が触れて光っていました。

遺跡で遊ぶ子ら　11.12

ここまで上ってくる人が多くて、石段を降りる人々が列をなしていました。なんでも、下に降りるのに三十分待ちであったとも聞きました。急勾配の石段は、上る時よりも下降の時のほうが難儀で危険なようです。手すりがありますが、それでも大変でした。

⑥パンテアイ・スレイ寺院、プリア・カン寺院、ニヤック・ポアン　翌十一月十二日は、パンテアイ・スレイ寺院、プリア・カン寺院、ニヤック・ポアンに出向きました。

　パンテアイ・スレイ寺院は、西暦九六七年にタジェドラヴァルマン二世、ジャヤーヴァルマン五世によって建立されたヒンズー教の寺院です。アンコール都城から北東へ約二五キロの所にあるここは、森の中にたたずむ小寺院なのですが、ここには「アンコールの至宝」といわれる寺院彫刻があり、観る者を圧倒します。中でも、「東洋のモナリザ」といわれるデヴァータ女神の彫刻は、多くの観光客に囲まれて観づらい所にありましたが、素晴らしいものでした。

　プリア・カン寺院は、西暦一一九一年、ジャヤーヴァルマン七世によって建立された仏教寺院です。周囲は七〇〇×八〇〇メートルの環濠によって囲まれていて、その様式はタ・ブローム寺院とよく似ています。基壇《きだん》部分から出土した碑文には、この寺院が王の父のために建立されたと記されているとのことです。また、第三回廊の東側には、巡礼者たちを迎える棟があったとされています。

ニヤック・ポアンとは「絡み合う蛇」という意味だそうです。ここは十二世紀後半に、ジャヤーヴァルマン七世が貧富を問わず病人などに観音菩薩の慈悲を与えることを目的に作らせたといわれています。

見学後、シェムリアップ市内のレストランで昼食をとり、その後一旦ホテルに戻り、シャワーを浴び、着替えをして態勢を整えて午後からの遺跡見学に備えました。

⑦ロリュオス遺跡群――ロレイ寺院、プリア・コー寺院、バコン寺院　午後からはまず、ロレイ寺院に向かいました。ここは西暦八九三年、ヤショヴァルマン一世によって建立されたヒンズー教の寺院です。

ここはかつての大貯水池のちょうど中心部に位置し、四つの祠堂からなる遺跡です。碑文によると、この貯水池は王都の灌漑のために、インドラヴァルマン一世の即位直後に着工され、寺院はこの王の即位を記念して中心部の小島に建立されたといわれています。ロレイにある四基の祠堂の中心にある十字型にのびた砂岩製の樋にはリンガ（ヒンズー教で崇拝される男根形の石柱）が設置され、聖水を注ぐと四方に流れるように作られています。ここにクメールの高い灌漑技術がうかがえます。

プリア・コー寺院の「プリア・コー」は「聖なる牛」という意味で、西暦八七九年にインドラヴァルマン一世によって建立されたヒンズー教寺院です。ジャヤーヴァルマン二世とその祖先を祀るために建立された、五〇〇×四〇〇メートルの環濠で囲まれた遺跡です。その建立碑には、インドラヴァルマン一世の系図、神王崇拝についての碑文が遺されています。六基の祠堂の至る所に彫られている漆喰彫刻は見事なものです。

最後にバコン寺院を訪れました。ここは西暦八八一年、インドラヴァルマン一世によって建立されたヒンズー教の寺院です、周壁の間は濠になっていて、その周りは九〇〇×七〇〇メートル、周壁の内部に煉瓦でできた祠堂が八基あり、僧坊と思われる建物が配置されています。

アンコールワット遺跡は、インドネシアのボロブドゥール遺跡、ミャンマーのバカン遺跡とともに、「世界の三大仏教遺跡」といわれています。ここではかつての王の富と権力の顕示、大衆の動員と救済、水活用の人知など、高度な技術をうかがい知ることができます。

私たちが後世に遺すことができるものは、何なのでしょうか。

シンガポール　不思議な都市国家

都市国家への道のり

十一月十三日、シェムリアップ国際空港午前九時三十分発のアンコール航空便は、プノンペンのポチェント国際空港に着き、同空港十時五十分発のシルク・エアー便に乗り換え、無事、シンガポールのチャンギー国際空港に着きました。両空港間の時差は一時間です。到着後、チャーターしたバスに乗り、午後三時三十分、シンガポールのハーバーフロントセンターに停泊中のトパーズ号に合流しました。

ここで、少しばかりシンガポールのことを記しましょう。

シンガポールの正式国名はシンガポール共和国です。赤道直下の北緯一度一七分、東経一〇三度五一分に位置しています。マレー半島とはジョホール水道（海峡）で隔てられています。五十四の島からなり、最も大きな島がシンガポール島です。国土の最高地点は、シンガポール島にある標高一六三メートルのブキ・ティマです。国土の面積は六九九平方キロメートルで、世界一七五位、日本の淡路島くらいの大きさです。人口は約四四八万人（うち、シンガポール人・永住者は三六一万人）で、都市国家と言えます。住民は華人（中華系）が七五・二％、マ

ハーバーフロントセンターでのトパーズ号への食糧などの積み込み作業　11.9

レー系が一三・六％、インド系が八・八％、その他が二・四％となっています。シンガポールの中心地にある四角錐状のオベリスク（尖塔）は四面からなっていますが、それはこれら民族の調和を象徴しています。国教はなく、仏教、道教、イスラム教、キリスト教、ヒンズー教が共存しています。

ここは十四世紀にスマトラ島のシュリーヴィジャヤ王国の勢力下で、海港トゥマシクとして歴史に登場し、十五世紀初めにシンガプーラ（ライオンの村）と名称を変えています。

十六世紀以降は、対岸ジョホールのスルタンの支配下にありましたが、東南アジアの海上交易ルートとして重要な地理的位置を占めることに着目したイギリス人のトーマス・ラッフルズが、一八一九年にシンガポール港を開きました。それ以降、イギリス領として、また、東南アジアの重要港として発展を遂げてきました。

太平洋戦争時は日本の占領下にあり、昭南島と称していました。太平洋戦争後、イギリスの支配が回復し、一九五九年にイギリスの自治領となりました。一九六三年にはマレーシアの一部として編入されましたが、一九六五年に都市国家としてマレーシアから分離独立して、現在に至っています。

独立後、通商都市国家として、空港整備、関税廃止、教育水準の向上、マナーの管理などの開放政策が進められ、その結果、アジアでも有数の経済発展を成し遂げ、一人あたり国民総所得は二六八三七ドル（二〇〇五年）に達しています。

近年は、ＩＴを活用した知識集約型国家の建設を目指しています。

シンガポールあれこれ

シンガポールを旅する人が、「シンガポールではガムを噛んで捨てたら罰金だ」等々のことを言います。シンガポールは一九六五年に独立していますが、独立後の新しい国づくりの一つに、先に記したようにマナーの管理があります。例えば、チューインガムの禁止、落書きにはムチ打ちの刑、公道での泥酔禁止、トイレの水の流し忘れにも罰金が科せられるなどがあります。このような政策は、「ファインシティー」、「ファイン・アンド・ファイン」とも言われ、揶揄《やゆ》されることもあるようです。罰金（fine）ときれい・立派（fine）を意味しているからです。

また、シンガポールは、「ガーデンシティー」と呼ばれる美しい国土と交通の便の良さ、世界的に有名なホテルも多く、中心街のオーチャード・ロード、スコット・ロードなどにはブランド品を扱っている専門店も多く、ヨーロッパ的な雰囲気を醸《かも》し出しています。

これらの地区はヨーロッパ的ですが、チャイナ・タウンやリトル・インディア、アラブ・ス

シンガポール・セントサー島のマーライオン塔　11.13

トリートなどもあり、アジア的な食・慣習・祭り・言語・宗教など、多種多様なものが共存しています。これは面積が狭い都市国家であることや統制国家であることからくるものでしょうが、そのことがシンガポールのシンガポールらしさとして特色を醸し出しているともいわれています。しかしながら、一方ではこのことが、比較的に文化的な観光資源に乏しいなどのマイナス要因にもなっています。報道規制をはじめ、規制も種々あり、一党独裁の問題もあります。

シンガポールで使われている英語は独特のアクセントを持っており、「シングリッシュ」と呼ばれています。シングリッシュとは、現地のマレー語、華語、北京語を基礎とする標準中国語、福建語が混じった英語のことを言います。シンガポール政府は、シングリッシュではなく、正しい英語を話すことを国民に呼びかけています。大学にはシングリッシュ矯正講座もあります。しかし国民の中には、シングリッシュを自分たちのアイデンティティーとしてとらえようとする動きもあるようです。

「水」に因んだ話題を一つ。シンガポールの水道水は国内の貯水池だけではまかなえないため、隣国のマレーシアから原水を購入しているのです。シンガポールからマレーシアのジョホールバルに行く時にジョホール海峡を越えていきますが、その橋（コーズウェイ橋、全長一〇五〇メートル）の道路に並行してパイプラインが敷設しているのが見えます。パイプラインは三本中二本がマレーシアからシンガポールに送られる原水で、一本がシンガポールからマレーシアへ供給される水道水のパイプなのです。

ホーランド・ビレッジで次男ファミリーと会食

合流後、午後四時過ぎにトパーズ号から離船し、次男ファミリーが住んでいるホーランド・ビレッジのコンドミニアムに向かいました。

二〇〇四年三月、次男の勤務先が東京からシンガポールになりました。次男の妻が三人の子（筆者の孫）を同行しての移動は大変なので、妻とともに筆者も同行しました。成田からのシンガポール行きのＪＡＬ便はビジネスクラスで、出国から入国、航空機内に至るまで行き届いたものでした。

次男ファミリーが住むコンドミニアムは閑静な住宅地にあり、プール、テニスコート、スポーツジムなどの施設も充実していますし、部屋の数・広さも適切なものです。プールでの泳ぎは快適なものです。長女・次女はシンガポールの日本人学校へ、長男は日本人幼稚園に通っています。すぐ近くには二十四時間営業のマーケットもあり、また、食も中華、ヨーロッパ、インド、日本料理と多彩ですし、大衆的なホーカセンター（屋台街）もあります。

コーズウェー橋に平行している３本のパイプライン　11.13

シンガポールのコンドミニアム　11.13

二〇〇四年三月以降、筆者は次男ファミリーに会うためにシンガポールを度々往来しています。福岡からはシンガポール・エアー（ＳＱ）の直行便で六時間程の行程。シンガポールの名所は一通り回りました。

一日観光で、マレーシアのジョホールバルやマラッカに行くこともできます。インドネシアのビンタン島、タイのバンコクをはじめ東南アジアの観光地に行くこともできます。多彩な食の代表的なものは食べました。

日本人学校の授業参観や幼稚園の行事にも参加しました。日本人学校での教育は、人的・物的環境が整っていることもあって充実しています。インターネットでシンガポール日本人学校を調べてみますと、学校の様子がよくわかります。学校の時間外に孫らは、英会話、ピアノ、プールなどの学習をしていますが、この個別指導を依頼しますと、時間制でその都度シンガポール・ドルで支払っています。日本では見られないことだと思います。美容などもそのようです。

さて、当日は、午後四時半頃にコンドミニアムに着きました。日本から持っていった海苔、ヨーグルト菓子、日本茶、漬け物、衣類などのお土産を渡し、しばし歓談をしました。

次男を交えたファミリーとともに付近の寿司屋に行きました。寿司屋といっても、ウナギ、あんかけ豆腐、焼き鳥と多種多彩なものがあります。短い時間でしたが、いい交歓ができました。トパーズ号停泊のハバーフロントセンターに帰るので、シティータクシーをオン・コール（乗車の出前制）しました。オン・コールすると四ドル位が割り増しになるのです。でも、シンガポールのシティータクシーの料金は安いのが特徴だと思っています。

現在、シンガポールは、外見上はいいようですが、少子化が進み、子どもたちには甘えが蔓《まん》延《えん》し、国の将来に不安を感じている人々も多いようです。また、物価も少しずつ高くなっているようです。

インド洋の旅

マラッカ海峡波静か

トパーズ号は、シンガポールのハバーフロントを十四日の午前二時に出航しました。午前二時から三時位まで、左舷にある自室の窓からインドネシア岸の明かりが点々としているのが見えました。これらの明かりで海峡を実感します。午前五時半過ぎ、八階の後方デッキに出てみました。わずかばかりの月明かりが凪のマラッカの海を照らしています。

上＝船室の窓から見たマラッカ海峡を航行するコンテナ船　11.14
下＝インド洋上のサンセットを見るピースボートの人々　11.15

一人静かに大海を眺めていますと、〃水球〃の実感がひしひしと湧いてきます。これほどまでに地球は水を蓄え満々としているのに、水資源が足りない、水不足だとは不思議なことです。〃水球〃は、無尽蔵に、満々と水を蓄えているというのに……。

黒々としたこの海峡は、我が国の石油、電気、車をはじめ、ありとあらゆる生活を支えています。マラッカ海峡は我が国の大動脈だといわれています。

このマラッカ海峡は、全長九〇〇キロ、幅七〇～二五〇キロ、平均水深は約二五メートルで、岩礁や浅瀬が多い海峡です。年間の通過船舶数は五万艘を超えています。この海峡を航行できたことは感無量です。

海峡を十五日の午後十二時頃通過し、船はやがてベンガル湾からインド洋へと進みます。

マラッカ海峡を通過する頃から、朝には朝日の昇りを、夕には夕日の沈みを堪能する日々が続きました。丸い水平線上に昇る朝日のそばには、いつも雲が出ています。

沈む太陽にも雲が付き添っています。丸い太陽が水平線上に雲もなく昇沈するのは極めて珍しいことだとわかりました。考えれば雲もまた「水」なのです。

モンスーンの海「海のシルクロード」

インド洋は三大洋の一つで、北はインド、パキスタン、バングラデシュ、スリランカから、西はアラビア半島およびアフリカ大陸に接し、紅海とつながっています。東はマレー半島、スマトラ島、ジャワ島、オーストラリア西岸、南は南極大陸に囲まれた海洋です。

インド洋北部はモンスーンの影響が強く、風は夏は南西から北東、つまり東アフリカ方面からアラビア、インド方面へ、冬は北東から南西に吹きます。海流もモンスーンの影響を受けて、夏は時計回りに、冬は反対に流れます。

このモンスーンと海流は、帆船の航海には適していました。このモンスーンと海流を利用して東アフリカ、アラビア、インド間で紀元前から交易が行われてきました。紀元一、二世紀にはアラビアのモカ（イエメン）の港から多数の船が東アフリカに向かっていたといわれています。八世紀のアッバス王朝以降には木製の帆船により、インドの香料や中国の絹、陶磁器が西に運ばれ、西の東アフリカからは象牙、サイの角、鼈甲《べっこう》が、ヨーロッパやオリエントからはガラス製品、葡萄酒が運ばれ、交易がなされていました。大地を結んだ「シルクロード」に対して、これらの交易路は「海のシルクロード」といわれています。

十四世紀前半の中国の鄭和《ていわ》の遠征、十五世紀以降のポルトガル艦隊による交易の支配、十七世紀のオマーンによる覇権、十八、十九世紀のイギリスによる支配と、インド洋は「地」域ならぬ「水」域の舞台として歴史にその名を遺してきました。

丸い水平線のインド洋

トパーズ号は、マラッカ海峡を十一月十五日の午後十二時頃抜け、インド洋に出ました。

快晴のインド洋はコバルト・ブルーの世界です。水平線は水平にあらず丸く見えるではありませんか。丸い水平線に驚嘆しました。三六〇度、水平線です。まるで丸い円形の海の中心にトパーズ号が点としてあるかのようです。〝水球〟の極みここにありです。

朝な夕な、日々インド洋に浸りますと、海の概念が変わりそうです。先に記した「海のシルクロード＝インド洋」の実感をひしひしと味わっています。また、海・水平線をただ眺めることはシュールレアリズムの世界に浸ることでもあります。眺めていても飽きず、連想が次々に湧いてくるのです。まさに現実を超えた世界でもあります。

トパーズ号では航行中、必要な気象・航行情報などをその日の正午現在の数字・海図で船内のレセプション付近に掲示しています。インド洋の水深は三〇〇〇メートル台から五〇〇〇メ

赤道越えの日の洋上運動会　11.19

ートル台弱です。航行期間中の気温はほぼ三十度、水温もほぼ三十度。船のスピードは一七ノット前後。イルカが船と並走したり、トビウオが群れで泳いだりしています。

十一月十九日の午前八時から八時半頃にかけて、前方舳先《へさき》進行方向に巨大な虹が出ました。虹の大きさも日本で見るものとは桁違いに大きいものでした（グラビア13ページ参照）。空は紺碧《こんぺき》、雲は白く、黒く、海はコバルト・ブルーで、時には水平線の彼方に平坦な陸地が見えるかのような錯覚を起こすこともありました。平坦な島に見えるのは、空と海の境目なのです。

この日は、赤道越えの日です。八階のオープンデッキでは洋上運動会が催されて、多くの人が参加しています。この洋上運動会はいわば〝赤道祭〟とも言えます。トパーズ号は午後四時過ぎに赤道を越えました。生まれて初めて船で赤道を越えました。

インド洋航行の七日間、水平線に昇る朝日を仰ぎ、水平線に沈む夕日を見ることは至福の極みでした。少し雲にじゃまされることもありましたが、雲の陰影付きと、辺りの空の模様もまたよいものです。また、海は三角波を立てて荒れることもなく、鏡のような静かさで、海の女神は満面の微笑をプレゼントしてくれたようです（グラビア13ページ参照）。

上＝操舵室のデッキから見える救命ボート
下＝操舵室の計器類　11.20

トパーズ号・操舵室の見学

十一月二十日、午前十時半から最上階の操舵室の見学をしました。そこで室長さんに説明をしていただきました。

トパーズ号は、イギリスで建造されて五十年になります。全長一九五メートル、幅二七メートル、客室は三階から七階まであり、中にはエレベーター、プール、スポーツジムをはじめ公共施設がそろっています。建造当初はロンドンとニューヨーク間の大西洋航路に活躍した花形船だったそうです。素材には贅沢な木材をはじめ金属などをふんだんに使っています。

現在、トパーズ号は、外洋航路の客船で世界唯一の蒸気船です。スピードは平均一七ノット位で、速いほうではありません。ただ、最近の外洋船は喫水が四～五メートルなのに対してトパーズ号は八～九メートルあり、船底がV字型になっているので、安定していて揺れが少ないとのことです。揺れ防止の羽根がありますが、就航以来この羽根を使ったことがないそうです。救命ボートの数は乗船者の数以上にあります。船の航行の心臓にあたる計器類は、以前からのものと新しく導入したものとを機能的に配置しているとのことです。不思議なもので、操舵室を見ることで船への信頼も倍増しました。

赤くなかった紅海

紅海は、アフリカ大陸とアラビア半島に挟まれた海です。地中海とはスエズ運河で、アデン湾・インド洋とはバブエルマンデル海峡でつながっています。

この海は下等藻類の一つである藍藻のため海の色が赤くなることがあり、これにちなんで「紅海」と呼ばれているのです。東アフリカ大地溝帯の一部である断層によってできた凹地に海水が浸入してできたものです。面積約四三八〇〇〇平方キロメートル、長さ二三〇〇キロ、幅は北部で約二〇〇キロ、南部で約三六〇キロ、最も深い所は二二一一メートル、平均深度は四九一メートルです。低緯度乾燥地帯にあるため蒸発が盛んで、また、流れ込む河川もないため、塩分の濃度が高くなっています。通常は海面の表面塩分が三五～四〇％に対して、スエズ運河付近では四三％に達するといわれています。

海岸線の大部分は崖が多く、沖には小島や岩、珊瑚礁があり、古代からこの海域での航海は難しいとされています。紅海・アカバ湾には、海底油田のやぐらも林立し、石油の宝庫の一面を見せてくれました。

セーシェル・ポートビクトリア　インド洋の楽園

常夏《とこなつ》の島セーシェル

二〇〇六年十一月二十二日、七日間のインド洋航海も無事に終わり、南十字星のきらめく空が薄赤くなる午前五時半頃、前方に黒いぼんやりした島影とかすかな明かりが見えはじめました。セーシェルです。明かりが集まっている所がポートビクトリアでしょう。いつのまにか舳先に次々に人が集まってきました。空も次第に明るくなってきました。

トパーズ号は、七時にポートビクトリア港に接岸しました。アフリカ名が入ったドイツ船籍のコンテナ船がいます。ヨット・ハーバーには大小のヨットが停泊しています。モーターボート、中型の船が停留しています。緑が多く、山の中腹に家が点在しています。熱帯性の木々が港を囲うようにしています。ベトナムのダナン港に比べて、やはりヨーロッパ的です。ここが、インド洋に浮かぶ島、セーシェルです。

セーシェルは、正式国名はセーシェル共和国で、面積四六〇平方キロメートル、人口八・四五万人（二〇〇五年）。季節は二季節で、十一月から三月までは北東モンスーン、四月から十月までが南西モンスーンの季節です。気温は月平均二十六度から二十八度で、最高で三十度ですから常夏の国と言えます。一日一回はスコールが来るようです。一一五の島がありますが、一番大きな島が首都ビクトリアのあるマヘ島です。島の浜辺は輝くような白砂で、珊瑚礁の周辺には色とりどりの魚や亀が棲んでいます。亀といえば、驚いたことに人口八・四五万人に対して、島内にいる亀の数は約十五万といわれています。

セーシェルは、地図にも載っていない時代、海賊が隠れ家にしていたともいわれています。大航海時代には、水や食糧を補給するために寄港したヨーロッパ人がこの島を「地上の楽園」と呼んでいたようです。

国民の九〇％がクレオールです。クレオールとは、広義には黒人と白人の混血を意味しています。セーシェルに住んでいる人々の祖先は、イギリスやフランスからの入植者と、ココナッツや茶のプランテーションで働く労働者としてアフリカ大陸やマダガスカル島から連れてこられた黒人や、そのほかに移住してきたインド人、アラブ人、中国人の子孫です。そのため、文化はヨーロッパ、アフリカ、アジアの混合からなっており、伝統工芸や音楽、ダンスなどに、さまざまな文化の要素が見られます。言語は、日常はフランス語を語源に持つ言葉であるクレオール語が使われていますが、公用語は英語とフランス語です。

世界一小さな首都・ポートビクトリア

アフリカ大陸やマダガスカル島に近い、インド洋上の島、セーシェル。いよいよ上陸です。考えるだけで感無量です。

午前七時四十五分から入国の手続きをし、ツアー参加者一二〇人が六台の小型バスに分乗、まずは世界一小さな首都・ポートビクトリアの中心街に向かいました。町はヨーロッパ的ですが、どことなく旧植民地風、オセアニア風にも感じました。

ポートビクトリア・銀色の時計台　11.22

ちょうど朝のラッシュ時で、車がひっきりなしに通っています。渋滞もあるようです。一番古い建物の裁判所、ここには世界最小のビクトリア女王の像があります。

中心街の十字路の中心に、イギリスのビッグベンを模した銀色の時計台があります。この時計台は一九〇一年に亡くなったビクトリア女王の冥福を祈り、一九〇三年に建立されたものです。三十分毎に鐘が鳴ります。

国立のマーケットに行きました。ロの字型になった二階建ての建物の中がマーケットです。ココナッツ、バナナ、ニガウリなどの野菜、果物が所狭しと並べられています。魚も見慣れないものをはじ

左右＝ポートビクトリア・国立マーケットの様子　11.22

め、数多くの種類があります。二階ではアクセサリー、衣類を売っています。マーケットでは黒人のおじさんやおばさんが物を売っているのですが、皆明るくて屈託がなく、異国人である我々にフランクに接してくれます。

大通りの十字路には、セーシェルの国のシンボル——アジア、アフリカ、ヨーロッパの混在のシンボルである三つの翼のモニュメントがあります。そこから、少し歩いた所に、一九七六年の独立を記念に、鎖でつながれた人間が解放されているところを表したモニュメントがあります。これは一九七七年に建立されたものです。

国立植物園に向かいました。珍しい植物がたくさんあります。双子椰《や》子《し》はセーシェル固有のものです。大きなものは二〜三キログラムもあるそうです。救命の木であるパンの木もあります。これは栄養価の高い実で、一年間に一五〇個の実をつけるそうです。

ミッションロッジは、かつてキリスト教を島に布教した宣教師が作った学校跡です。今は石垣の囲いだけが遺っています。キリスト教が伝えられ、学校ができるなど、小さな島にも文化が芽生えていたのです。今

左＝セーシェル固有の双子椰子
右＝奴隷解放のモニュメント　11.22

では島内二十五地区のすべてに、十字架のモニュメントがあります。

昼食時、時間を作ってセーシェルの海に入りましたが、白砂浜のビーチでの泳ぎは格別なものでした。

クラフトビレッジに行きました。ここは植民地時代の名残《なごり》を遺した所です。主人一族の家には何かとゆきとどいた設備などがありますが、現地労働者の家は粗末な小屋同然のものです。遺すことによって、何を訴えようとしているのでしょうか。

その後の島巡りでは、茶のプランテーション園で茶摘みをしている様子や、学校が終わりスクールバスを待つ子らの様子、屈託なく手を振る島民の姿が見られ、印象深いものでした。

この〝水球〟の中にあり、普段地図でほとんど見ることがないインド洋上の島にも、歴史があり、文化があり、人々が息づいていることを体感したものでした。

第2章

ケニア～エジプト

スエズ運河航行　12.7

ケニア　マサイマラ国立保護区

モンバサ港の風景

十一月二十二日午後十一時にセーシェルのポートビクトリアを出航したトパーズ号は、インド洋を西に進み、十一月二十六日、予定よりも一時間早く午前七時にモンバサ港へ着きました。初めて見るアフリカ大陸です。前方には、大きな船がたくさん停泊しています。

建設途中のビルも見えます。港に入ってくる小さな漁船も見えます。漁に出ていたのでしょうか。左舷側の海の向こうの崖上の丘には熱帯性の木々が茂り、所々に家が見えます。右舷側にはコンテナ基地があり、多くのコンテナが積み上げられています。

モンバサ島にあるこの港は、ケニア第二の人口を持つ同国最大の港湾都市です。建設中のタワーも見えます。大小の船も行き交っています。大変活気にあふれています。

外洋船の舷門《げんもん》は通常、左にあります。乗客の乗り降り、出入国は左の舷門からするのが通常

上＝モンバサ港に集まる約100台のサファリーカー
下＝モンバサ港にある倉庫
11.26

なのです。この名残が旅客機にも影響を及ぼしたため、旅客機の出入り口は左側にあるのです。

トパーズ号も通常は左舷側から接岸し、左舷の舷門からの入国になりますが、モンバサでは右舷からの接岸・入国になりました。接岸した岸壁には、歓迎のためにケニアの人々が集まっています。

乗客八五〇人のうち、七百人からのピースボートの住人が、モンバサ港からのサファリーに出かけますので、港には約百台のサファリーカーが待機しています。壮観な眺めです。

岸壁には三〇〇メートル位の赤煉瓦づくりの古びた二階建ての倉庫があります。倉庫の前には、今は使っていない錆ついたレールが敷かれています。一見、何の変哲もない倉庫のようです。でも、この倉庫の赤煉瓦一枚一枚が、レール一本一本が、アフリカの過去の歴史を知っているのです。ここで起こったすべてを黙って見てきたのです。この倉庫は、かつてアフリカの各地から連れてこられた黒人が、奴隷として入れられていた倉庫なのです。倉庫前に敷かれているレールは、奴隷を運ぶための貨物列車用の引き込みレールなのです。

そのまま見れば、どこの港にもある港湾倉庫です。港湾用の引き込みレールです。物事をそのまま見る、ありのままに見ることは重要なことですが、時にはそのまま見ても見えないものもあるのです。一定の知識は、物事の大事な意味を考え、理解するため、必要不可欠なこととして作用します。同じ用語で奴隷と言っても、それは時代や地域によって、その形態・実態は異なっています。ひとくくりにして一つの用語を用いると、誤解やステレオ・タイプの見方を助長することになりそうです。また、この倉庫やレールのことも、検証してみる必要がありそうです。

倉庫の前では、真っ赤な衣服を身にまとったケニアの若い男女が、ビートのきいたリズムにのって、歓迎の踊りをにこやかに踊っています。じんっと来るものがありました。

モンバサからマサイマラ国立保護区へ

午前八時にケニア入国の許可が下りました。マサイマラ国立保護区でのゲーム・ドライブの参加者は五十四名です。それにツアー・リーダー一名、コンダクター一名の、総勢五十六名。

マサイマラ空港
と小型機　11.26

いよいよ出国、バス二台に分かれてモンバサ空港へ向かいました。

バスはコンテナが山積みされている港を出て、埃っぽい道路を走り抜けていきます。車窓からは、行き交う人々、マーケット、露天、食堂、自転車店などで賑わっている様子が見えます。ベトナムのダナン、カンボジアのシェムリアップに比べて、バイク、行き交う自転車の数が少ないようです。

モンバサ港を通関後、およそ二十分でモンバサ空港に着きました。搭乗手続きは厳格だと聞いていましたが、なんのこともなく、「ジャンボ」（ケニア語で「こんにちは」の意味）、「ハクナマタタ」（問題ない）で通過です。

搭乗するチャーター機は、ブルー・スカイ社のエンジンが翼の下についている十九人乗りのものです。三機に分かれて乗り、マサイマラ国立保護区に向かいます。

機は高度をぐんぐん上げていきます。雲間をかすめて眼下には、畑地、草地、湿地・湿原、密林、浸食された谷、自然の川などが様子を変えていきます。機長が、運がよければアフリカの高峰キリマンジャロ山（五八九五メートル）が見える、と言っていました。あいにく雲が厚く、キリマンジャロ山は姿を隠していました。小型機での飛行は快いものでした。

午前十一時過ぎにマサイマラ空港に着きました。空港といっても何もありません。簡易舗装の滑走路と藁葺《わらぶ》きの小屋風のトイレ、一軒の素朴な建物のみです。なんにもない天然・自然のままのマサイマラ空港。ここでも、「空港」の概念を変えなければ、と思いました。

早速、十二人乗りのサファリーカー五台に分乗しました。一陣の風が微細な砂を巻き上げました。歓迎の挨拶なのでしょう。まずは挨拶に対して「驚き」のお返しをしました。

キャンプに向かうのですが、その間にゲームです。ゲームとは、「動物探し」のことを言います。

一号車出発です。途中、ヌーの大群に出遇いました。ライオンの夫婦にも遇いました。インパラ、トムソンガゼル、シマウマ、イボイノシシなどにも遇いました。ラッキーです（グラビア7ページ参照）。

塀に囲まれたマサイの村、広場にある学校、水たまりで洗濯しているマサイの子ら、手を振ると応えます。

かなりの走りの後、今日の宿泊地であるフィッグ・ツリー・キャンプに着きました。我々が宿泊するロッジは、木々に囲まれた川の前の一軒屋です。母屋全体がテント風にできています。出入り口、窓は二重の蚊帳方式です。ベッドは瀟洒《しょうしゃ》なものが二つ、シャワー室、トイレは別室にあります。電灯もキャンプ地にふさわしいデザインのものです。一番心配した蚊対策は、お

マサイマラ国立保護区でのゲーム・ドライブ　11.26

おむねうまくいくようです。

キャンプ地での昼食後、本格的なゲーム・ドライブです。七人乗りのジープ型のオープンカーに乗って、さあ、ゲーム・ドライブです。アフリカの大地を動物を追って縦横に走る爽快さはなんとも表現できないものです。子ライオン三匹を育てているライオン・ファミリー、気が遠くなるほどのヌーの大群、バッファロー、マサイキリン、シマウマ、インパラ、トムソンガゼル、グランドガゼル、トビ、ハーテビースト、イボイノシシなど。これらの動物は、いずれも群れを作っていました。ブチハイエナは数匹、カバは付近の川の中に二頭、コンドルは二、三羽でしたが、現地案内人のマサイの青年に、このように多種類・多数の動物に遭遇したのは運がよかったと言われました。

ゲーム・ドライブをしていますと、大地に生を受けているすべての生命が未来永劫に続くことを願わずにはおれませんでした。また、人も動物も自然の一部ということを実感します。

空が暗くなりはじめ、キャンプ地に帰る途中の湿地で、鳴き声が珍しい蛙の声にドライバーが反応して湿地に進み過ぎ、ぬかるみに車輪をとられました。アフリカンサファリーでは車から降りることは絶対禁止事項となっていますが、車から降りて四人で車を後押ししました。異例のことです。

結局、後押しはうまくいかず、救援の車でキャンプ地に帰るはめになりました。予期せぬハプニングでした。その夜は疲れ切って、夜のマサイ村訪問やナイト・サファリーには参加しませんでした。ぐっすりと寝ました。

マサイマラ国立保護区でのワイルド・ゲームドライブ

明け方の午前四時に目を覚まし、身支度を調《ととの》えて外に出ました。木々の間にぽっかりあいた夜空には満天の星が輝いています。

六時に妻とモーニング・コーヒーを飲み、まずはアフリカの大地をバルーン（熱気球、直径二〇メートル位）で飛行です。キャンプ地から車で数分の所にあるバルーンの基地は、十数人の現地スタッフによってもうバナーで火球づくりを終え、上昇に備えていました。カーゴは四ブロックに仕切られていて、一ブロックに四人ずつで、計十六人です。機長は欧米人。

さあ、上昇です。全員、指示に従って身をかがめたその時です、バルーンが上昇を始めました。身を起こすと、眼下にはアフリカの大地が三六〇度広がっています。アフリカの大地を独り占めした心地よさを満身に浴びました。

あいにく黒雲が空を覆っているようで、高度は一〇メートル、二〇メートル、三〇メートルと気象状況によって変わっていきます。灌木の間ではインパラやトムソンガゼルが走っている

準備中のバルーン　11.27

のが見えます。

高度を調整しながら上昇下降を繰り返し、およそ十五分位進んだところで雨が降り始めました。機長の判断でしょうか、バルーンは高度を落としついには大地に着陸しました。マサイ村の真ん中に不時着です。不時着とともにどこからか、マサイの子らやマサイの住人が続々と現れました。バルーンを興味津々《しんしん》に見るとともに、突然の招かれざる客の訪問に、近づいたり、離れたりしています。手を振ると手を振ってきます。


そのうちにサファリーカーが迎えに来ました。乗車し、さあ出発、とその時、サファリーカーの周りはマサイの土産を売るマサイの人々でいっぱいになりました。ちなみに、バルーンの代金四万五〇〇〇円は、不時着のためゼロになりました。少し気の毒になりました。

迎えに来たサファリーカーでゲームドライブを続けました。時折、雨が降ります。サファリーカーの天蓋《てんがい》を降ろしましたが、横から下から、雨水・泥がはねてきます。風が強くなってきました。道路は道路にあらず、至る所にぬかるみや小さな流れができています。それでも、ゲームドライブはなんのこともなく続きます。

ヌーの大群が走りながら移動しています。何万頭いるのでしょうか。迫

上＝ゾウの群れ
下＝シマウマの群れ　11.28

力満点です。まるで映画かテレビなどでも観ているようです。いや、テレビなどで観る以上の数と迫力です。

ライオン・ファミリーがいます。雄《おす》ライオンはたてがみをふさふささせながら悠然として一族を見守っているかのようです。雌《めす》ライオンは、角と大きさから見てヌーでしょうか、そのあばら骨についた肉を食べているのがはっきりと見えます。一所懸命に食べています。付近では食を終わったのでしょう、子ライオンが五頭じゃれ合っています。幸せなライオン・ファミリーの雰囲気が感じられます。マサイで見たライオンは、いずれも雄ライオンが威風堂々としていて、雌ライオンを、あるいはそのファミリーを温かく包むようにしています。まさに「百獣の王」にふさわしいと実感しました。

ライオン・ファミリーを離れて、次のゲームドライブに向かう途中、突然、車がぬかるみにはまりました。エンジンをふかしますが、煙がもうもうです。エンジン・トラブルです。救援の車が来ました。昨夜に続いて、またまた下車して車の乗り換えです。

　ゲーム再開です。車に乗ってきたマサイの青年が、はるかかなたに何かを見つけ、ほかの車にも連絡しています。サイです。車はスピードをあげて近づいていきました。黒サイです。随分大きなものです。威風堂々としています。黒サイはマサイには二十頭しかいないそうです。白サイはマサイから姿を消しています。黒サイに遭遇したのはこの上ないラッキーなことだと言われました。

ライオン・ファミリー　11.27

　ゲームは進みますが、雨もひどくなってきました。
　今度は救援に来た車がぬかるみにはまりこみました。エンジンをふかせばふかすほど、車は大きく左に傾きます。横転直前です。危険でした。十二人全員が車から降り、五人位で車を押しますがどうにもなりません。また救援の車が来ました。夜はすっかり更けていました。「車から降りない」というサファリーの鉄則は、今回図らずも三度破られました。このような経験は誰もできないことでしょう。まさに、ワイルド・サファリーの極みここにありでした。その夜はぐっすり寝ました。

ヨルダン　ワディラム砂漠、ペトラ遺跡

国土の八〇%が砂漠の国

二〇〇六年十二月四日、油田のやぐらが立っているアカバ湾を通過したトパーズ号は、ヨルダンのアカバ港に入り、午前八時過ぎに港に接岸しました。白いアラブ服を着た楽団員が歓迎の音楽と踊りで出迎えています。

ここはヨルダンのアカバです。舳先のデッキの右舷接岸側がヨルダン、正面からやや左寄りがイスラエル、左舷側に見える山がエジプトです。トパーズ号の舳先のデッキからは三つの国が同時に見れるのです。なんとも不思議な情景。いよいよヨルダン国へ入国です。

ヨルダンの正式な国名はヨルダン・ハシェミット王国です。面積八・九万平方キロメートル（日本の約四分の一）、人口約五三五万人（二〇〇五年）で、人口の約七〇%以上を占めているのはパレスチナ系の住民です。国土の西部には大地溝帯の北端にあるヨルダン渓谷が、東側にはヨルダン高原が、南部にはヨルダンの最高峰のラム山（一七五四メートル）がありますが、国土のおよそ八〇%は砂漠地帯です。住民のほとんどがアラブ人で、わずかにアルメニア人などがいます。一九六七年の第三次中東戦争以降流入したパレスチナ難民数は、一六〇万人

ヨルダンのアカバ港にて。後方はイスラエルのエーラトの町　12.4

（二〇〇六年）を超えています。

ヨルダン渓谷一帯は標高が低く、冬でも比較的温暖で、近年の灌漑技術の発達により、野菜、果物が産出されます。

一般に乾燥地域は、小雨のため「水」が得にくいのですが、それでもそこに集落・都市ができるのはなぜなのでしょうか。どのように「水」を得るのでしょうか。

一つには、地下水を活用した地下用水路・井戸の利用があります。イランでは地下用水路に縦穴を掘って水を汲み上げますが、これを「カナート」と呼んでいます。アフガニスタンでは「カレーズ」、北アフリカでは「フォガラ」と呼んで、この方式は乾燥地域で広く行われています。二つ目は、オアシスの活用です。三つ目は、降雨地域から送水パイプを使って乾燥地域に水を送る方式です。四つ目は、海水の淡水化です。五つ目は、岩の割れ目からかすかに染み出る水の利用です。

ピンク・アンド・レッドのワディラム砂漠

午前九時半過ぎに下船したツアー参加者一〇二名は、三台のバスに分乗し、まずはアカバ市内に向かいました。アカバはサウジアラビアとイスラエル、エジプトを結ぶ海上交通の要衝です。バスから降りたアカバの町には、坂と土石と石灰色の町という印象を持ちました。町には活気がありました。対岸はイスラエルのエーラトの町です。わずかばかり散策の後、アカバ要塞に向かいました。

アカバ要塞は、十六世紀のマムルーク朝時代に建てられました。要塞の入り口の門の上には、ヨルダン国旗と革命旗ハシミテが掲げられていました。内部は土石造りの牢状の小さい部屋が何層にも複雑に組まれて、高所からは海が見えるようになっています。

要塞に近い港には、高さ一二三メートルのポールに世界で二番目に大きな旗（革命旗、六一×二八メートル、絹製）がひるがえっていました。建国のシンボルとしての革命旗は、至る所で大事にされていました。建国の精神を記憶し、代々伝えていくためです。

アカバ要塞　12.4

要塞に隣接した考古学博物館はこぢんまりとしたものでした。重要な考古資料・遺物はすべて首都アンマンの博物館にあるとのことでした。

市内で昼食後、ワディラム砂漠へと向かいます。バスは立派に舗装された国道を走ります。辺り一面は岩山です。まるで月の世界か桜島の溶岩道路を走っているかのようでした。ただ、

上＝ワディラムの岩山
下＝七つの智恵の柱　12.4

溶岩道路と違うのは、行けども行けども岩山ばかりの景観が続くことです。もちろん月の世界に行ったことはないのですが、ここでは月の世界と言ったほうが適切なのかも知れません。

市外に出るための手続きを税関で済ませ、バスはスピードをぐんぐんと上げていきます。途中、ベドウィンの集落や所々にガソリンスタンドがありました。ベドウィンは本来は遊牧民族でしたが、ヨルダン政府の政策により集落に定住するようになったのです。

一時間位の走りで、ワディラムへ到着です。ワディラムの「ワディ」は「高い」、「ラム」は「谷」を表しているといわれています。つまり、ワディラムとは「高い谷」という意味で、この名の通り、高い山に挟まれた幅五キロ程の渓谷がおよそ二五キロにわたって続いていて、別名「月の谷」ともいわれています。

ワディラム・ツーリスト・イン（ビジターセンター）から入場すると、左手に階段状の展望台があり、上って仰天しました。目の前に「七つの智恵の柱」がそびえてい

ワディラムの岩山　12.4

るではありませんか。英文パンフレットに「ピンク・アンド・レッド」と記されていましたが、まさにぴったりの表現です。はるか遠く、はるか向こうにまで、赤茶けた平原と赤茶けた岩山が続いています。しばし茫然と眺めていました。

さあ、今からこのワディラム砂漠の走りです。屋根付きのジープに六人が乗りました。砂塵、暑さ、寒さへの対策を充分にし、構えていましたが、なんのことはありません。でも、このようにできるジープは二台しかなく、ほかのジープはオープンカーなのです。

砂漠の中の舗装道路をしばらく走り、ベドウィンの定住集落に着きました。煉瓦造りの家の周りは塀で囲まれています。電線が引かれ、衛星放送用のアンテナも見えます。子どもたちが手を振っています。学校です。

集落を抜けると、正真正銘の砂漠の走りです。赤茶けた大地、左右は「ピンク・アンド・レッド」の岩山の連続です。ジープはスピードを上げて走ります。砂塵はもうもう、胃袋は引っくり返っています。

午後三時頃、ロレンスの泉に着きました。ワディラム砂漠は、映画『アラビアのロレンス』の舞台になった所です。ロレンスはここに滞在し、ベドウィンを訓練したことで知られていま

上＝左より，記念写真に応じてくれたベドウィンの民，砂漠の中にある地下水の貯水池
下＝左より，ペトラ遺跡の砂絵の土産，構えすぎたスタイル　12.4

す。ロレンスの泉は映画の撮影に使われたものです。この泉のそばに、地層で濾過《ろか》された地下水が蓄えられている所がありました。この水は飲料にもできるようですが、ラクダ用としても使われているとのことでした。ロレンスの泉の近くにはサムディア人が書いた碑文が遺っています。

近くにテントが一つありました（グラビア8ページ参照）。数十人のベドウィンとラクダが住んでいます。テントは羊の皮でできています。近づいてきたベドウィンと記念写真を撮りました。通常、アラブ人は写真を撮られることを嫌いますが、ここでは快諾でした。

ここを離れて、またまた砂漠の走りです。しばらくの走りの後、ガザソ渓谷に到着し

ワディラムの岩山に昇る満月　12.4

ました。ここはピンク・アンド・レッドの山肌が雨水で浸食されて、ちょうどデコレーション・ケーキにチョコレートをかけたように見えることから、「チョコレートケーキ」と呼ばれています。二つの山の間にある峡谷は、かつてラクダに乗った隊商が休憩所として使っていたとのことです。峡谷の壁には、隊商が彫ったとされる岩絵が遺っています。これらは、紀元前三世紀から紀元後三世紀にかけて彫られたものと考えられています。

外はもう薄暗くなっていました。帰りはオープンカーのジープです。風と寒さと砂塵防止は充分です。さあ、出発。四番目にスタートしたジープはぐんぐんとスピードを上げていきます。八〇～一〇〇キロ位のスピードを出し、先行車を追い抜きます。もの凄いスピード、砂塵を舞い上げて砂漠を驀進《ばくしん》です。先行車をすべて追い抜き、トップに立ちました。舗装道路に入るとさらにスピードを上げました。ジープの荷台を襲う風のため、目も開けられないほどです。太陽もすっかり沈み、ギザギザの岩山のシルエットに満月が絵を描いています。

ツーリスト・インからバスに乗り換え、午後六時半頃、ペトラ遺跡があるモーベンピック・リゾート・ホテルに着き、今日の感嘆の連続の時も終わりです。

謎多きペトラ遺跡――映画『インディ・ジョーンズ』の世界

ペトラ遺跡は、十九世紀前半にスイス人のイスラム研究者によって発見されたものですが、「謎の遺跡」、「幻の遺跡」といわれています。

ここを築いたといわれるナバティア人は、およそ二千年以上も前にここに移り住んだ、実直な古代アラブ人と考えられています。ナバティア人はヨルダンの南部地域の交易の要衝をおさえ、隊商の保護を保障する代わりに税を取り財政をまかなっていたといわれています。このナバティア人の首都がペトラだと考えられています。エル・ハズネ（EL.Khazneh）やエド・ディル（Ed.Deir）をはじめ、ペトラの建造物は岩を彫ったり削ったものであり、いろいろな説はありますが、何に使用されたかは定かではありません。

十二月五日、ペトラ遺跡の探訪に向かいました。この遺跡のメインゲートは、宿泊したホテルから数分の所にあります。

午前九時過ぎにゲートをくぐりました。目の前には岩山がパノラマのように広がっています。左手下の広場には馬屋があり、多くの馬がいます。ここはペトラ遺跡を訪れるツーリストたちに、馬・馬車を勧めるアラブ人の基地なのです。メインゲートをくぐると、右手には小さな洞窟状のジン・ブロックス、左手にはオベリスク墓があります。ここを過ぎてしばらく行くと、かつて水路になっていた道の分かれ目に出ます。分かれ目の右手を進むと、昔水路だったエル

水路跡　12.5

・ムスリム・トンネルに出ます。水はいつの時代にも大切なことだったことがわかります（グラビア8ページ参照）。

この分かれ目の急坂を左に下っていきます。両側は切り立った高い崖で、その幅は極端に狭く、上空を仰ぐと青空がまぶしく感じられます。峡谷の崖はワディラムと同じように赤茶けた色をしています。ここには太古の頃、水が流れた跡や、道に沿った崖の端の左を削ってできた水路跡もあります。疎水の流れを調整するために、意図的に蛇のように曲げられているのです。古代ローマ時代の石畳も見られます。

しばらく進むと、シーク（Siq）といわれる、道幅は三メートル位なのに高さが数十メートルもある断崖に出ます。シークを過ぎ、足にやや疲れを感じた頃、目の前に展開された光景に息を呑みました。薄暗い道から輝くばかりの別世界に足を踏み入れたかの如くでした。エル・ハズネです。映画『インディ・ジョーンズ　最後の聖戦』の舞台になった所です。

高さ四〇メートルの岩壁に彫り込まれた建物です。建物の内部はかなりの広さがあり、それは岩をくり抜いた空洞状の大きな部屋で、所々の壁に祭壇置き場のようなくり抜き部分がありました。ガイドさんの説明では葬祭に使われたらしいとのことですが、これも定かではありま

左より，エル・ハズネと，峡谷を見守る騎馬警官　12.5

せん。

しばらく進むと広場に出ます。ここにはローマ円形劇場があります。ここは演劇などを鑑賞する場ではなく、葬式場なのです。

対岸の山麓には、アーンの墓、シルクの墓、コリンシアンの墓と、多くの墓があります。広場は続き、右手にはビザンチン教会、翼を持ったライオンの寺院、左手には大寺院、凱旋門があります。多くの建物が集まっている広場の都市空間には、当時およそ三万人が暮らしていたといわれています。昼食の場、フォーラムは大寺院、凱旋門のすぐ近くです。フォーラムのずっと奥にはエド・ディルがあります。

神殿群　12.5

帰路はロバ、馬車、馬、ラクダなどに乗ってゆったりと帰っていく人もありました。

このペトラ遺跡は、砂漠からは見

上＝大寺院の跡
下＝凱旋門。奥はフォーラム　12.5

えないのです。唯一の入り口は「シーク」なのです。先に記しましたが、この遺跡は「謎の遺跡」と言われています。

三つの謎がありました。一つ目は「誰が、なぜ、砂漠の真ん中に都市をつくったのか」、二つ目は「ペトラの水源はどこか」、三つ目は「人々は都市でどのような生活をしていたのか」というものです。

これらは難問であり、長い間、その謎解きはなされていませんでしたが、近年の研究で次第に明らかにされてきました。まだ仮説の段階でしょうが、一つ目の答えは、「王様ではなくて、アラブの大商人」、二つ目の答えは「高さ八メートルの岩壁に精巧な水道管が作られていた」というものです。この日は三～四時間歩きました。

スエズ運河　世界海運の大動脈

海洋運河・スエズ

二〇〇六年十二月七日午前四時頃、目を覚ますとトパーズ号はポートスエズ港に停泊していました。舳先デッキに出ると、左舷のアフリカ側には電灯の光が多数点滅していました。右舷シナイ半島側には所々点滅している程度でした。

スエズ運河は、全長一六五・二キロの世界最長の海洋運河です。地中海と紅海、インド洋を結び、アフリカ大陸とアジア大陸の境界スエズ地峡に掘られています。

運河の水深は二五メートル、底部の幅九〇メートル、水面上の幅二〇〇メートル（いずれも二〇〇五年現在）、二五万トン級のタンカーも航行可能なのです。三カ所にバイパスが設けられています。年間通航船舶数は一万五〇〇〇艘（二〇〇三年）で、世界海運の大動脈なのです。

運河の途中には、二〇〇一年に日本政府のODAを受けて建設されたスエズ運河橋があります。スエズ運河を横断し、アフリカ大陸とアジア大陸を結ぶ全長七三〇メートルの巨大な吊り橋です。主塔の高さは七六メートル、エジプトのクフ王のピラミッドと同じ高さです。概観は「古代エジプト」をイメージして作られ、建設も日本の企業が担当しています。橋の中央には、日本とエジプトの国旗が描かれ、アフリカとアジアを結ぶ平和のシンボルとしての願いが込められています。

スエズ運河、その歴史

スエズ運河の起源は、紀元前一三八〇年頃のことです。ナイル川と紅海を結ぶ運河が掘られ、その後戦争や天災のため何度も埋められ、改修されました。この運河は、ローマ時代やアラブ支配時代からその役割を果たしてきました。

十六世紀にはベネチアの商人が、十七、十八世紀にはフランスのルイ十四世やドイツのライプニッツらがスエズ運河の建設を計画しましたが、当時の未熟な建設技術では運河の削掘はできませんでした。一八〇〇年代初め、ヨーロッパを制覇しようとしたナポレオンは、エジプト遠征時、イギリスのインド貿易に打撃を与えるために運河の削掘を試みましたが、実現しませんでした。

一八五八年、フランス人のフェルディナン・ド・レセップスが万国スエズ海洋運河会社を設立し、一八五九年四月から工事が始まりました。工事には十一年の歳月を要し、一八六九年十一月十七日にスエズ運河が開通しました。開通当時水深は七・九メートル、底部の幅は二二メートル、水面幅は六〇～一〇〇メートルでした。その後、改修・拡張されて、水深・幅は先に

スエズ運河を航
行する船　12.7

記した通りです。

この運河の開通までには、延べ一五〇万人の労働者が働き、そのうち一二万五〇〇〇人もの人が事故・病気（コレラ）などで亡くなった、と推定されています。いかに過酷な工事だったかがわかります。

このスエズ運河も、一九五六年十一月から五カ月間にわたるスエズ戦争、一九六七年から一九七五年六月までの八年間に及ぶ中東戦争で閉鎖されたことなどがあり、現在に至っています。

コンボイを組んで航行

午前四時、目を覚ますとトパーズ号は、スエズ運河入り口から三・六キロのポートスエズ港に停泊していました。午前九時過ぎ、乗船した現地のパイロットと船長の打ち合わせが始まりました。運河通行については細かいルールがあるとのことです。

例えば、航行する船はグループ毎に航行しなければなりませんが、これをコンボイと言っています。コンボイ内でも順番が決められ、その順番に沿って航行することになります。また、通行船の前後左右の間隔、航行速度はおよそ時速三キロに決められているとのことです。

午前五時頃には、コンテナ船がコンボイを組み、整然とスエズ運河に入っていきました。航行協議後の午前十時過ぎ、運河航行局の通行許可が降りました。トパーズ号は二番目のコンボイに入っています。二番目のコンボイのうち、一番目は大型車両貨物船、二番目は大型貨物船で、三番目がトパーズ号です。トパーズ号に乗り込んだパイロットは二番目のパイロットで、イスマイリアで交替するとのことです。

船内は、今日一日はリフレッシュ・デーです。運河航行の様子、運河両岸の景観を味わうためです。舳先デッキには、普段は見ることのない特設バーが設けられています。

大ビター湖に停泊している船　12.7

ちなみに、トパーズ号がスエズ運河を通航する代金は、定かではありませんがおよそ五千万円だそうです。これは高いのでしょうか、安いのでしょうか。エジプト政府に入ってくる年間の通航料は年間二六億ドル（二〇〇四年）で、これは当該期の世界海運貿易の七%を占めています。エジプトにとっては、観光収入、労働者送金、石油輸出と並ぶ重要な外貨収入源となっているようです。この運河通航料は、二〇〇七年一月一日から二・八四%アップするとのことです。通航料が高額のため、約七八〇〇キロも遠回りのアフリカ南端の喜望峰を回る船も出てきているようです。

モスクを背にしたスエズ運河の落日　12.7

このスエズ運河は砂漠の中にありますが、運河内のビター湖に入るまでの運河の両岸の景観には大きな違いがあります。右舷側のシナイ半島側のエジプトは、砂漠がはるか向こうまで広がっています。運河沿いの地域の所々に水溜まりがあり、排水をしています。浚渫《しゅんせつ》船も数艘見えます。あまり開発が進んでいないようです。左舷側のナイル川側のエジプトには、サブ運河のスウィートウォーター運河が北に向かって延びています。シャルファ、ジネイファの町の家々も見えます。町というよりは小都市です。木々も茂り、水の豊かさを感じます。まさに「ナイルの水の賜《たまもの》」なのでしょう。

運河沿いでは、兵士が小銃を持って警備にあたっています。午後一時過ぎに大ビター湖に到着し、ここに停泊しました。大ビター湖には北上するコンボイと南下するコンボイが停泊したり、航行したりしています。確認できただけでも二十二艘の船がいました。

マラッカ海峡もそうでしたが、ここスエズ運河も「地球の動脈」、「世界海運の大動脈」としての役割を果たしていることが実感できます。船室の窓からナイル川側エジプトが見えるのですが、運河沿線に列車が走っていました。

午後四時頃、スエズ運河の中間点にあたるティムサ湖に着きました。この湖の北西には運河開通後に発展したイスマリアの町があります。町の人口はヨーロッパ人を含めておよそ三千人とのことです。気候もよく、エジプトのリゾート地として栄えています。トパーズ号はさらに北上し、マンザラ湖に着きました。西側にはエジプトのパルラの町があります。ここにはエジプトの戦争碑があります。

午後四時五十一分、日没です。砂丘、モスクをシルエットにして、静かに真ん丸の太陽が沈んでいく光景は、なんとも言えない感動があります。

辺りがすっかり暗くなった午後六時頃、船内放送が「スエズの吊り橋」通過予定を告げました。無数の電灯に照らされた大橋です。通過の時の感無量さは言うまでもありません。

幻のパナマ運河

「ピースボートによる地球一周の旅」では、トパーズ号は二〇〇七年一月十日十一時にパナマのクリストバル港に入港、一月十一日午前六時出港となっており、オプション・ツアーに出なければ一月十日にパナマ運河・ガトゥン閘門《こうもん》航行を体験することができたのです。しかしながらこの時期、筆者はオプション・ツアーでガラパゴスに行くことにしました。したがって、パナマ運河の航行はついに幻に帰《き》してしまったのです。

従って、ここでは、スエズ運河航行後の印象鮮やかな好機に、パナマ運河の概要を記してお

パナマ運河断面図（船内新聞「ニライカナイ」第70・71号合併号，2007年1月10・11日掲載図より作成）

きましょう。

パナマ運河は、パナマ共和国のパナマ地峡を開削して太平洋とカリブ海を結んでいる運河で、カリブ海、ガトゥン閘門、ガトゥン湖、ゲイラード・カット、ペデロ・ミゲル閘門、ミゲル閘門、ミラ・フローレス湖、ミラ・フローレス閘門、太平洋と、全長八〇キロに及ぶ閘門式運河です。この運河は、大西洋の海面の高さに比べて太平洋の方が二四センチ高いことや、豊富な降水量を利用し、区割りしている運河の水位を上下させて船を通航させる閘門方式が採られています。運河の一部に幅の狭い区間があり、船が自力航行できないため、専用の電気機関車で船を牽引《けんいん》しています。

この運河は、スエズ運河を拓《ひら》いたフェルディナン・ド・レセップスが開削に着手しましたが、黄熱病の広がり、工事の技術的問題、資金調達難などのために放棄、アメリカ合衆国によって開削・建設が進められ、一九一四年に開通しました。その後、長い間アメリカ合衆国による管理が続いてきましたが、一九九九年十二月末、パナマに返還されました。

年間通航船舶数は一万三一五四艘（二〇〇三年）で、通行料は一トンにつき一ドル三九セント、平均五万四〇〇〇ドルです。閘門のサイズによりパナマ運河を通航する船のサイズは、六万五〇〇〇トンクラス船、幅三二・三メートル以下、長さ二九一メートル以下、水深一二メートル以下に制限されています。

パナマ運河は、最近の船舶の大型化や通航需要の増大に伴い、その重要性がますます増してきました。そのため、パナマでは運河拡張についての国民投票を行い、その結果、拡張が承認されました。二〇一四年には拡張が完成する予定です。

パナマ運河を通航したピースボートの村民は、異口同音にパナマ運河の素晴らしさと通航時の様子を感激して話してくれました。アマゾンとギアナとガラパゴスをオプション・ツアーに選んだ以上、やむを得ないことでした。まさに「幻のパナマ運河」でした。

エジプト　文明の夜明けの地

エジプト、そしてナイル川

十二月八日午前三時半、船室の窓から漏れるポートサイドの町の灯りに起こされました。午前五時過ぎに集合した二七〇名は、離船してエジプトに入国するのです。

エジプトは、正式国名エジプト・アラブ共和国。面積は一〇〇万平方キロメートルで日本の約二・六倍、人口六九二〇万人（二〇〇四年）、地中海、紅海およびヨーロッパ、アフリカ、アジア大陸に接する地理的位置にあり、大河ナイルが流れています。

ナイル川は世界最長の川で、全長六六九五キロです。一般にはビクトリア湖が源流だといわれていますが、ビクトリア湖にも流れ込む川があり、ナイル川の最上流はブルンジのルヴィロンザ川なのです。ナイル川は下流に向かって白ナイル、青ナイルと流れ、合流し、ハルツームから約三〇〇キロ下流で支流のアトバラ川と合流しています。エジプトに入ると、アスワン・ハイ・ダムとそれによってできたナセル湖を経て、地中海に注いでいます。河口には地中海側でおよそ三五〇キロに及ぶ海岸線の広大な三角洲ができています。ナイル河畔の広範で肥沃《ひよく》な流域はエジプト文明を育み、「エジプトはナイルの賜」といわれてきました。

このナイル川は、毎年七月中旬、エチオピア高原に降るモンスーン雨の影響で氾濫《はんらん》を起こしてきました。氾濫は肥沃な土地を生み出し、そこには麦が豊かに育ちます。農業が発達し、集落が作られます。都市が生まれ、都市国家が生まれます。川の氾濫を正確に予測する必要から天文観測が行われ、太陽暦が作られました。太陽とシリウス星が同時に昇る頃、ナイル川は氾濫しました。氾濫が収まった後に農地を元通り配分するために、測量と数学（幾何学）が発達しました。文明が発達しました。「水」を治めることは一大事業で、これは古今東西、変わりのない重要な人為なのです。

古色蒼然《こしょくそうぜん》とした都市・カイロ

バス七台に分乗し、ほかのコースのバスとともに十台でコンボイを組み、カイロ、ギザに向かいました。バスの中には銃を持った現地の観光警察（ツーリスト・ポリス）が乗り、終日同行します。コンボイの先頭には小武装した兵士・ポリスが乗ったパトカーがつきます。以前、ルクソールで起こったテロなどを警戒したエジプト政府の方針だと聞きました。インターネットで、エジプトなどは危険地帯なのに、なぜ日本のツーリスト会社はエジプトに観光ツアーを出すのか、不思議なことだ、という記事を目にしたことがあります。しかし、やはり言い尽くされたことですが、エジプトは世界の四大文明発祥の地であり、貴重な世界遺産があり、それらに接してみたいという、「百聞は一見に如《し》かず」の考えがあるからなのです。

バスは三時間近くの走りの後、午前八時半頃カイロに到着しました。

国土の九〇%以上が砂漠という乾燥地帯にありながら、大河ナイルの恩恵を受け、主要都市のカイロ、アシュート、ルクソルなどは、いずれもナイル川沿いに発達しています。

ここには紀元前以来の数々の遺産が遺されています。ピラミッド、スフィンクス、象形文字、パピルスをはじめ数学、医学、天文学などです。

スエズ運河航行時、シナイ半島側がほとんど砂漠・乾燥地帯であったのに対して、ナイル川側には緑も多く、都市が発達し活気を感じたものでした。これも「ナイルの賜」なのでしょう。

カイロの町は古色蒼然としています。ビル、家々が密集し、車も多く渋滞状態でした。午前九時頃のカイロの町は、金曜日なのに、行き交う人々、車、荷馬車などであふれ、活気に満ちていました。イスラム教徒の人々は金曜・土曜日は休みの日なのです。イスラム教徒が多いカイロなのに、まるでウイークデーのようでした。

カイロ博物館は圧巻でした。ツタンカーメンの膨大な財宝、黄金のマスク、ミイラ、ラムセス二世の像、財宝など、時間が止まったかのようでした。財宝の素晴らしさとともに、その陰にいて王家を支えた多くの大衆、技術者、土木技術等々、想いの対象は尽きません。

ピラミッド見学券　12.8

ギザの三大ピラミッド

昼食後、カイロからギザに向かいました。意外に早くギザに着きました。なんと観光バスが多いのでしょうか。

突然目の前に、巨大な石の建造物が現れました。第一ピラミッド＝クフ王、第二ピラミッド＝カフラー王、第三ピラミッド＝メンカウラー王のピラミッドです。カイロ近郊のギザからダハシュールにかけてのナイル川の西岸は、古代エジプト文明のシンボルとも言えるピラミッドの宝庫となっています。ここギザの地には、エジプト古王国時代に歴代の王の数々のピラミッドが造られています。

上下＝クフ王のピラミッド　12.8

バスはクフ王のピラミッド前に着きました。多くの観光バス、ツーリスト、ラクダを引いたアラブ商人、銃を持った警察と、雑然としています。

まずは、ギザの第一ピラミッドから見学です。

クフ王のピラミッドは、「ギザの第一ピラミッド」と言われ、エジプト最大の大きさを誇っています。ギザにあるほかの二つのピラミッド同様、今から約四五〇〇年前に建てられたものです。縦一・五メートル、横二・五メートル四方の立方体の石を積み上げて作られています。近くに行くと、積み重ねた石によって斜面が階段状になっているのがよくわかります。創立当初の高さは一四六メートルあったとされていますが、長年にわたる風化や剥離《はくり》によって、現在は一三七メートルです。王の玄室まで大回廊が通じていて、内部の見学ができます。残念なことに見学の人数が制限されていて、見学時間の関係もあり、我々ピースボート・ツアーの面々は内部の見学ができませんでした。

カフラー王のピラミッドは、「ギザの第二ピラミッド」と言われ、クフ王のピラミッドの南西にあります。創立当初の高さは一四三メートル、頂部には化粧石が残っていて保存状態は極

上＝大変なラクダ乗り
下＝パノラマ展望所より
12.8

めて良いとのことです。このピラミッドの東側すぐ側の葬祭壇遺構から参道がのび、その途中にスフィンクスが東の空を見据えて座っています。

以上の二つのピラミッドに比べて高さが半分以下と小規模なメンカウラー王のピラミッドは、「ギザの第三ピラミッド」と言われています。地下の玄室の保存状態が良く、見学できるとのことでした。

第一ピラミッド付近には、ラクダを引いたアラブの商人が多数いて、客の呼び込みをしていますが、金銭面や執拗《しつよう》な客呼びなどでしばしば問題になっています。

筆者も妻ともども巧みな言説により結果としてラクダに乗せられ、六〇ドルを要求されましたが、やりとりの末、一〇ドルで決着を見ました。彼らの生きる智恵とはいえ、ただ驚くのみです。

これらのピラミッドを見学し、パノラマ展望所に移動しました。この展望所からはギザの三大ピラミッドが一望できます。大

上下＝落日近いスフィンクスとピラミッド　12.8

地はどこまでも広く、やはりピラミッドは雄大です。

ピラミッドの横に、観光関係の建物でしょうか、近代的な建物が建てられていましたが、ミス・マッチの感は否めません。

展望所から移動して、スフィンクスの正面に出ました。スフィンクスは表面がかなり剥離していますが、さすがに絵になります。

ピラミッドは、王の権力を示したものとして考えられています。また、これらの建設には、多くの民衆が奴隷のように駆り出され、強制的に働かされていたという定説がありました。しかし、近年のピラミッドを研究する考古学専門の研究者の間では、ピラミッド建設は「公共工事」と位置付けられているとのことです。

定説が成り立ち、また、新しい研究成果が蓄積されれば、過去の定説は覆っていきます。ここに謎を秘めた世界文化遺産の価値の深みが出てくるものと思います。

それにしても、このツアーはピラミッド完成に関わった多くの人々のことに想いを馳せるには充分でした。

ピラミッド、スフィンクスを背に、すべてを見、すべてを照らしてきた恒久の太陽が静かに沈んでいく情景には、言葉もありませんでした。

第 3 章

地中海〜カナリア諸島

地中海の涯・ジブラルタルのサンセット　12.21

ヨーロッパ世界の海・地中海航行

古代から人々が行き交った地中海

地中海は、北と東をユーラシア大陸、南をアフリカ大陸に囲まれた海で、海洋学上での「地中海」の一つを称しています。地中海は、歴史上さまざまな名称で呼ばれていたことが文献を通して明らかになっています。

「地中海」の呼び名でいわれる範囲・定義は、多様なのです。ここでは、西をジブラルタル海峡で大西洋と接し、東はダーダネルス海峡とボスポラス海峡を挟んでマルマラ海と黒海につながる海、としておきます。ただし、マルマラ海を地中海に含めますが、黒海は除外しておきます。また、地中海はスエズ運河、紅海を経て、インド洋ともつながっています。

内海のため、波は太平洋、インド洋などの外洋に比べて比較的穏やかです。沿岸の海岸線は長く入り江が多くて良港に恵まれています。そのため船にとって三つの大陸の往来がしやすく、古くから海上貿易が盛んで、古代ギリシア、ローマ帝国などの重要な海でした。現在でも世界の海上交通の要《かなめ》の一つとなっています。

地中海沿岸地域は地中海性気候といわれ、冬は温暖湿潤で暖かく、夏は乾燥し、太陽が出る日が多いこともあって、多くのツーリストがバカンスに訪れます。

この地中海を、トパーズ号は十二月八日から二十日まで航行し、沿岸の各地の世界遺産巡りをしていくことになります。以下、記します。

ポートサイドからピレウスへ

十二月八日の午後八時三十分にポートサイドを出航したトパーズ号は、進路を北西に向け、ギリシアのピレウス港を目指して地中海の航行に入りました。

ピレウス港には十日の十二時に入港。ピレウス港に向かっている十二月九日の正午の航行状況などは次ページ表のようです。

ピレウスからバレッタへ

午前七時三十分、右舷側の水平線上に太陽が昇りました。真ん丸、深紅の太陽です。鏡のような海面、右舷側に島が見えます。岩肌露出の山です。海辺には集落が見えます。左舷側にも緑豊かな島が見えます。大小の船が航行しています。

南南西に南下していたトパーズ号は、ペロポネソス半島南端から進路を西に向け航行後、マルタ島のバレッタ港に着きました。

昨日の二十四時には、時計の針を一時間遅らせました。日本との時差は八時間になります。

2006年12月9日の航行状況

・日の出	6：46
・日の入り	17：01
・明日の日の出	7：25
・位置	33°40'N 029°12'S
・次寄港地	ピレウス
・水深	2850m
・前寄港地から本日正午までの距離	233海里
・次寄港地までの距離	378海里
・船のスピード	17.2ノット
・気温	20℃
・水温	21℃
・風速	SW/19ノット
・波	60～90cm
・気圧	1020Hp

バレッタからトリポリ、チビタベッキアへ

十二月十二日、船内ではクリスマス・ムードが高まりつつあるこの時期に、トパーズ号は午後六時、バレッタ港を離岸し、一路トリポリ港を目指しました。船が港を離れ、次第に遠ざかるにつれて街の灯りの様子が変化していきます。空からの観光が多い昨今、海から宝石の輝きのようなバレッタの灯を見ることは、至福のひとときです。

十二日十三日、午前八時過ぎ、トリポリの陸影が見え隠れしました。西側世界にとって、長

トリポリ港　12.12

い間ベールに包まれていたリビアのトリポリ港です。

午前九時に接岸、レプティス・マグナの古代ローマ遺跡の探訪です。

トリポリでの遺跡探訪を終わり、午後十時、トリポリ港を離岸しました。離岸と同時に船内放送が入りました。「船の揺れに注意」とのことです。揺れはじめました。船室の窓から見ると波はそう大きくないようです。トパーズ号は進路を北北西に向けて北上しています。波は三・六〜六・五メートル程度ですが、付近の水深が六〇〇〜七〇〇メートルと比較的浅く、船のスピードと相まって揺力が大きくなっているようでした。揺れは、旅の疲れを積もらせた多くの乗船客に、一層の船酔いをプレゼントしたようです。

十二月十五日には揺れも収まりました。チビタベッキア港はもうすぐです。

チビタベッキアからバルセロナ、ジブラルタルへ

十二月十六日午後十一時、チビタベッキア港を出港したトパーズ号は、進路を南西に向け、十七日の明け方には進路を西に変え、コルス（コルシカ）島とサルデーニァ島の間の海峡を抜け、一路バルセロナを目指して航行しました。

緯度上は、日本の青森県津軽・下北両半島くらいのところにあたります。船上での朝の体操も、やや肌寒さを感じるものの、爽やかさすら感じます。今年の青森の十二月は二十数年ぶりの豪雪、とのニュースを見ました。ここでも水が人々の生活に影響を与えていることを実感し、〝水球〟の意味を改めて考えることができました。

十二月十八日、予定より一時間早く午前六時半頃にバルセロナ港に入港しました。上陸して、しばしの間のツアーです。同日の午後十時には出港、イベリア半島沿岸沿いにジブラルタルに向かいます。十二月十九日は終日、地中海クルージング。

十二月二十日、夜明けの中にイベリア半島沿いのスペインの町が遠くなったり近くなったりしています。十九日正午の記録では、位置は北緯二八度〇二分、西経〇度一二分、水深四二二メートル、気温一二度、船のスピード一六・五ノット、風速一〇ノット、波六〇～九〇センチ。

今回の航行では、インド洋、紅海などは晴天・快晴の連続でしたが、地中海に入って連日、どんよりとした曇天でした。夏の南欧のまぶしいばかりの地中海のイメージは、冬の地中海には微塵もないようです。

ジブラルタルに近くなると、イルカが群れてトパーズ号の周りを並走することが多くなりました。中世までヨーロッパ世界では、海は地中海、地の涯《はて》はジブラルタルでした。その地の涯を見ることになります。胸が高鳴ります。

ギリシア　アテネ・アクロポリス

ヨーロッパ文化の源・ギリシア

二〇〇六年十二月十日、午前十一時半過ぎ、はるかかなたに見え隠れしていた町の輪郭がはっきりしはじめました。近づくにつれて、丘状になった地上に石造りの白い家々が積み重ねられ、密集していることがわかります。アテネの外港ピレウスです。通常の旅行の場合、航空機や列車、バスにより、アテネ入りします。しかし、海からの上陸では、町の景観が遠望から近望するにつれて変化していく様がつぶさに観察できます。船旅の魅力の一つだと思います。

予定より少し遅れて十二時過ぎにピレウス港に入港しました。ピレウス港は、さすがに海運国・世界遺産の国ギリシアの港です。港には豪華客船、大型フェリーが、見た目には二十二艘観察できました。ヨットハーバーには多くのヨットが繋留されています。

ギリシアは面積一三万平方キロメートルで、日本の約三分の一、人口は一〇九四万人（二〇〇七年）の国ですが、なんと言ってもヨーロッパ文明発祥の地だけあって、アクロポリスをはじめ世界遺産が多いのが特色と言えます。

ギリシアには文化遺産、自然遺産、その両方の要件を兼ね備えた複合遺産と、三種類の世界遺産が十六件十八カ所あります。

ギリシアの世界遺産のシンボルとも言えるアテネのアクロポリスは、一九八七年に世界遺産に認定されました。紀元前十二世紀に最初の神殿が建てられて以来、破壊・修復・再建が繰り返され、現在の修復が始まったのが十九世紀で、まだ修復・再現途中です。

オリンピア古代遺跡は、ゼウスを祀る神域として造られ、紀元前八世紀には古代オリンピックが行われた所です。ここには紀元前三世紀の体育練習場、紀元前四世紀の闘技練習場や来賓用の宿泊所などの多くの遺跡があります。この古代遺跡の発掘により、古代オリンピックの様子が明らかになってきました。

複合遺産のメテオラは一九八八年に認定されたもので、岩山の頂上に建てられたメガロ・メテオロン修道院を中心に、空に突き出たような奇岩・巨石群とから成っています。

さすがに世界遺産の国ギリシアだと納得しました。

アクロポリス・パルテノン神殿

十二月十日、正午にピレウス港に入港し、午後一時少し前に集合、古代遺跡の探訪に出かけました。バスはアテネ市内に向けて出発しました。

一時半頃、アクロポリスの丘の上り口に着きました。両側に実をつけたオリーブの木が茂っ

パルテノン神殿　12.10

ている大理石の石段を上るとアクロポリスの丘です。ここからは古代アゴラ、アグリッパ音楽堂、ヘファイストス神殿などが一望できます。入り口のブーレエの大理石の門をくぐり、石段をさらに上ると、目の前にパルテノン神殿が威風堂々とその姿を見せています。

中学生の頃、歴史の教科書で見たパルテノン神殿が、今、目の前にあるとは。なんとも言えない感激を味わいました。

パルテノン神殿とは、古代ギリシア時代にアテネのアクロポリスの上に建設されたアテナ神を祭る神殿のことです。現在、遺っている神殿は、ペルシア戦争の勝利を記念して、紀元前四四七年にペリクレスが着工し、紀元前四三二年に完成したものです。長さ六六・七メートル、幅三〇・六メートルの周柱式神殿です。外部を囲む柱はドリス（ドリア）式によるものですが、西側の後陣内部ではイオニア様式が取り入れられています。創建当時は、中央にフェイディアスが彫った巨大なアテネの黄金象牙像が安置され、さまざまな大理石の彫刻が壁面を飾って豪華絢爛《けんらん》を極めていたとされています。

アクロポリス神域にはその後も神殿が建設され、紀元前四二一年にはエレクティオン神殿が完成、紀元前四二〇年にはペリクレスによってアテネ・ニケ神殿が建設されています。

パルテノンの神殿付近は、今も巨大なクレーンが組まれ、足場組みした作業員が修復作業をしています。左手にはエレクティオン神殿があります。この神殿のアテナ女神は優美な姿をしていますが、複製なのです。

アクロポリス博物館は小規模のものですが、パルテノン神殿の遺物をはじめ貴重な遺物が展覧されています。

博物館横の高台からは眼下に石造りの円形のディオニソス劇場や丘の城壁の一部が見えます。ディオニソス劇場は、紀元前六世紀に建てられたギリシア最古の劇場です。収容可能人数一万七〇〇〇人のこの大劇場は、ローマ時代まで使用されていたといわれています。

エレクティオン神殿のアテナ女神像　12.10

丘の展望台からはアテネ市内が一望でき、この丘でも町でも、古代ギリシア人たちが往来し、政治や学問を語り合っていたことを、時空を超えて生々しく想像できるのは快いものでした。

アテネ・プラカ地区散策

アクロポリスの丘を後にし、バスでアテネ市内の車窓観光です。

バスは、右手にハドリアヌス門、ゼウス神殿を見、レオフォロス・アマリアス大通りに入ります。右手にはザビオン国際展示場、左手には聖パウロ教会（英国教会）、アギオス・ニコディモス教会（ロシア教会）が見えます。大通りの右手には、プラトン、アリストテレスのゆかりの地があります。ここをプラトンやアリストテレスが哲学書を手に携え往来していたと想像するのは至福の時です。大通りの中心地、無名戦士の墓、ギリシア国会議事堂を右手に見、シンタグマ広場を左に見て、バスは大統領宮殿、オリンピック競技場と抜け、プラカ地区へ戻りました。

夜も更けていく頃、プラカの町を散策しました。オープンカフェ、ブティック、装飾品店、衣服店、食糧品店、土産物店と、多種多様の店が狭い石造りの道を挟んで所狭しと軒を連ねています。プラカの郷土料理店でギリシア料理を食べ、ワインを肴に話がはずみました。

マルタ　東西・南北世界の十字路

地中海の要地・マルタ

マルタは、ヨーロッパ大陸、特にイタリアとアフリカ大陸、リビアに挟まれた地中海の東西真ん中に位置している島国です。マルタは、マルタ、ゴゾ、コミノのほか二つの無人島からなる、世界でも面積最小の国の一つにあげられます。マルタ島は石灰岩が基盤で、海岸には断崖

要塞に囲まれたバレッタ港・町　12.12

が多く見られます。また、入り組んだ入り江が島を取り巻いています。地理的位置と断崖が多いことから、古くから要衝の地でもありました。

正式国名はマルタ共和国、面積三一六平方キロメートルで淡路島の半分、人口は約三九万人（二〇〇四年）、地理区上、ヨーロッパに位置づけられている国です。首都はバレッタ。蜂蜜《はちみつ》色の石灰岩の建物、紺碧《こんぺき》の海と、街全体が世界遺産に登録されている美しい島です。

トパーズ号は、十二月十二日午前九時にバレッタ港に入りました。

船から眺めるバレッタの街は、まさに高貴な蜂蜜色の石灰岩の建物が密集しています。港近くには、絵になるような砦もあります。なんという美しい街なのでしょう。バレッタの街全体が世界遺産に登録されているのもうなずけます（グラビア10ページ参照）。

交流会後に訪問したイムディーナの街は、砦《とりで》状に囲まれていて、門を入ると蜂蜜色の石灰岩の建物が、戦略上曲げられた細い路地と調和し、独特の景観を生み出しています。ここは現在、高級別荘地になっていて、住人は時々しか来ないとのことでした。砦状の高台から見下ろすと、眼下には紺碧の地中海と海岸部の家々と緑の絨毯が一大パノラマを描いています。

ピース・ラボラトリーとの交流の扉を開く

ヨットハーバー、ドーム型の建築様式の教会、蜂蜜色の建物、紺碧の海……絵葉書のような情景をバスから眺めながら、バスはバレッタの郊外へと進みます。

しばらく走った後、古くて手入れの行き届いていない建物群にさしかかりました。付近の道路には多数の黒人が手持ちぶさた気味に三三五五、たむろしています。付近には違法移民の収容所があります。違法移民はここの収容所に十八カ月間留めおかれるのです。彼らのほとんどがアフリカ人なのですが、民族や宗教上の対立・紛争、貧困・飢餓などから逃れ、ヨーロッパで人間らしい生活をしようと、地中海越えを試みるのです。しかし、リビアやチュニジアのイリーガル・トラフィッカーと呼ばれる取引業者から不正にお金を取られたり、充分な燃料や食料も与えられず地中海をさまようことになり、最終的にはマルタにたどり着くのです。バレッタの表と裏、あまりにも対象的です。

交流所のピース・ラボラトリー・マルタ（正式名称はNGO Peace Laboratory Malta、以下、ピース・ラボと呼ぶ）に着きました。ここは彼ら難民（違法移民）を支援しているＮＧＯグループの施設でもあります。ピース・ラボの近くには、古ぼけた建物と野外テント群がありました。これらは一定期間の収容の後、マルタに住んで職を探す意思のある人のためにあるのです。

バスから降りピース・ラボに着くと、ラボの長であるミントフ神父と二人の若い神父、ほかに二人が出迎えてくれました。ミントフ神父はピース・ラボの創立者であり代表です。

宗教画が掲げられている部屋でミントフ神父からピース・ラボの活動について話を聞きました。ピース・ラボは、『聖書』に忠実に生き、戦争を忌避し、平和を希求し、人間が本来持っている愛を信じることにあり、その趣旨に見合う活動をしているとの話をされました。

この部屋には、アメリカ合衆国とソビエト連邦の旗がありました。この旗は東西冷戦・米ソ冷戦の終結の調印がマルタ沖の海上で行われた折のシンボルとして、平和のための活動・交流を進めているピース・ラボに置いてほしいとの思いから贈呈されたとのことでした。

ピース・ラボラトリーとの交流　12.12

交流はまず、教会風の清楚な会場で行われました。室内には宗教画が掲げられ、小鳥がさえずっています。ここでは、ミントフ神父から移民問題について取り組むことの意味について話がありました。生きとし生きるもの、この世に存在するすべての生あるものは、絶対的存在価値・尊厳を持ち、それらはすべて神が創ったものであり、人間が所有するものではない、という趣旨の話を静かにされました。日常性に埋没し、忘れかけていた「博愛」について触れ得たのは、ピースボート船旅でのオアシスでもありました。

第１回交流の証として，記念植樹　12.12

マルタの国会議員でありピース・ラボの主要メンバーであるジョー・アベラーは、マルタの移民問題について説明しました。交流会には聖アルバート中等学校の生徒が十五名参加しました。意見交換では、主としてピース・ラボの活動について聖アルバート中等学校の生徒から意見が出されました。難民をマルタが受け入れることで、小国マルタが負う経済的負担と人類愛とのジレンマ、理想と現実について活発な意見が出され、マルタが抱えている課題が見え隠れしました。

この交流は、ピース・ボートとピース・ラボとの初めての交流なのです。参加者全員で敷地内にオリーブの記念樹を植えました。白い布に記念のサイン・記帳をしました。

知ることによって行うこともあり、行うことにより知ることもある。
交流はすべての壁をなくす源。大河も一滴の水から始まる
――Gion,Zenroku

と記しました。交流は、ピースボートの活動紹介、歓談、昼食会と続きました。交流の始まり、歴史的瞬間に立ち会えたことは、生涯の思い出とな

りました。

トリポリ　レプティス・マグナの古代ローマ遺跡

郷に入れば郷に従え——リビアの慣習

十二月十三日、午前九時過ぎにリビアのトリポリ港に入港しました。リビアの正式国名は大リビア・アラブ社会主義人民ジャマーヒリーヤ国、面積一七六万平方キロメートルで日本の約四・六倍、人口五六〇万人（二〇〇三年推計）、国土のおよそ八五％が砂漠の国です。

リビアは、紀元前二〇〇〇年、フェニキア人がトリポリタリアの三都市、レプティス・マグナ、アエヤ、サブラタを、さらに現在のチュニジアにカルタゴを建設したことから始まります。紀元前一四六年にはカルタゴはローマ帝国によって滅ぼされ、トリポリタリアもローマの属州になりました。その後、イスラムやイタリアの支配下に入るなど、周辺諸国からの侵入と侵略に遭ってきました。

近代に入り、一九五一年、ムハンマド・イドリースを国王とした連邦制のリビア連邦王国が誕生。一九五九年にはリビアで大油田が発見されました。一九六九年にはムアンマル・アル＝カザッフィーによる「九月一日革命」が起こり、一九八六年には国名を大リビア・アラブ社会

トリポリ港でのツーリスト・バス　12.13

主義人民ジャマーヒリーヤ国とし、直接民主主義を目指した社会主義国になりました。一九八六年には、西ベルリンの爆破事件を起こし、アメリカ軍機によるトリポリ、ベンガジの空爆を受けました。一九八八年には、スコットランド上空での旅客機爆破事件を起こし、このことで一九九二年国際連合安全保障理事会がリビアに対して制裁決議をし、リビアは国際社会から非難をあびるとともに孤立状態になりました。二〇〇三年に国際連合安全保障委員会に対して責任を認め、補償金を支払うことに合意し、同年、大量破壊兵器放棄宣言をするとともに、国際査察団の受け入れを表明しました。二〇〇六年にはアメリカ国務省在リビア・アメリカ大使館を開設し、アメリカはリビアをテロ支援国リストから削除することを発表しました。

このように、近年、リビアも激動しています。しかし、風俗・習慣、歴史、文化、社会機構、政治などの違いから、ツーリストにとって多少奇異に感じることもあるようです。例えば、船内でのリビア上陸事前説明会の折に、次のような説明を受けました。

・アルコール飲料は船内外を問わず全面禁止、トリポリ停泊中は船内レストランなどでも禁止。
・女性の肌が見えるものは禁止、女性の水着写真および水着写真が掲載されている雑誌などの禁止。

・豚肉および豚肉製品、例えばカップ麺に豚肉片が入っているもの。

・イスラエルの国旗および国旗のマークが入ったもの、例えば世界地図のイスラエルの国旗だけ見えないように紙を貼るなどの対策が必要。また、イスラエル製品。

・トリポリ港内の徒歩禁止、そのため出国ゲートをバスで通過しなければなりません。

でも、なんの不自由も感じないのは、不思議なものでした。

荘厳なレプティス・マグナの古代ローマ遺跡

レプティス・マグナの古代ローマ遺跡は、リビアの首都トリポリの東、約一二〇キロの所にあります。地中海の波打ち際から内陸に広がる北アフリカ最大の古代ローマ遺跡です。

地中海からの入り江の入り口に灯台、神殿があり、内湾にはほとんど砂に埋もれた旧港があります。大門、闘技場、公共浴場、神殿、フォーラム、公会堂、凱旋門、市場、野外円形劇場と数々の遺跡が発掘されています。一九二一年に砂に埋もれていた中から発見されましたが、一二〇〇年近く砂の中に埋もれていたため保存状態が良いのが特色の一つになっています。イタリアの古代ローマ遺跡に比べて保存状態が極めて良いのがこの遺跡の特色の一つと言えましょう。現在までの発掘は全体の四〇％で、未だ六〇％近くは砂に埋もれていて、将来的に発掘が期待される遺跡です。

今は涸れてしまったレプタ河の東には円形闘技場（コロシアム）、サーカス（馬車の闘技場）もあります。ローマ皇帝らが地中海よりリビア北部の海岸から入り、さまざまな建造物を建設したため、遺跡が海岸近くにあることも特色の一つです（グラビア10ページ参照）。

レプティス・マグナは紀元前九世紀頃、地中海貿易で活動していたフェニキア人によって造られました。その後、度々の戦争を経て、紀元前四九年、ローマの支配下に入り、カルタゴの貿易圏を引き継ぎ地中海交易の拠点港として発展しました。

歴代のローマ皇帝はここにさまざまな建造物を造りました。二世紀末、カルタゴ出身のローマ皇帝セプティミウス・セウェルス帝（一九三〜二一一年）はカルタゴの南にある同名の都市と区別するため、「大きい・偉大な」を意味する「マグナ」をつけて「レプティス・マグナ」としました。セウェルス帝はそれまでのあらゆる都市に勝る壮大な都市にするため、大門、神殿、フォーラム、公会堂などを建設しました。その後、破壊と再建を経て、七世紀半ばにはアラブ・イスラム軍によって破壊され、砂に埋もれたまま長い眠りにつきました。


セウェレス帝の大門、浴場、フォーラム、野外円形劇場、円形闘技場

遺跡探訪はセウェレス帝の大門から始まりました。これは、二〜三世紀にレプティス・マグ

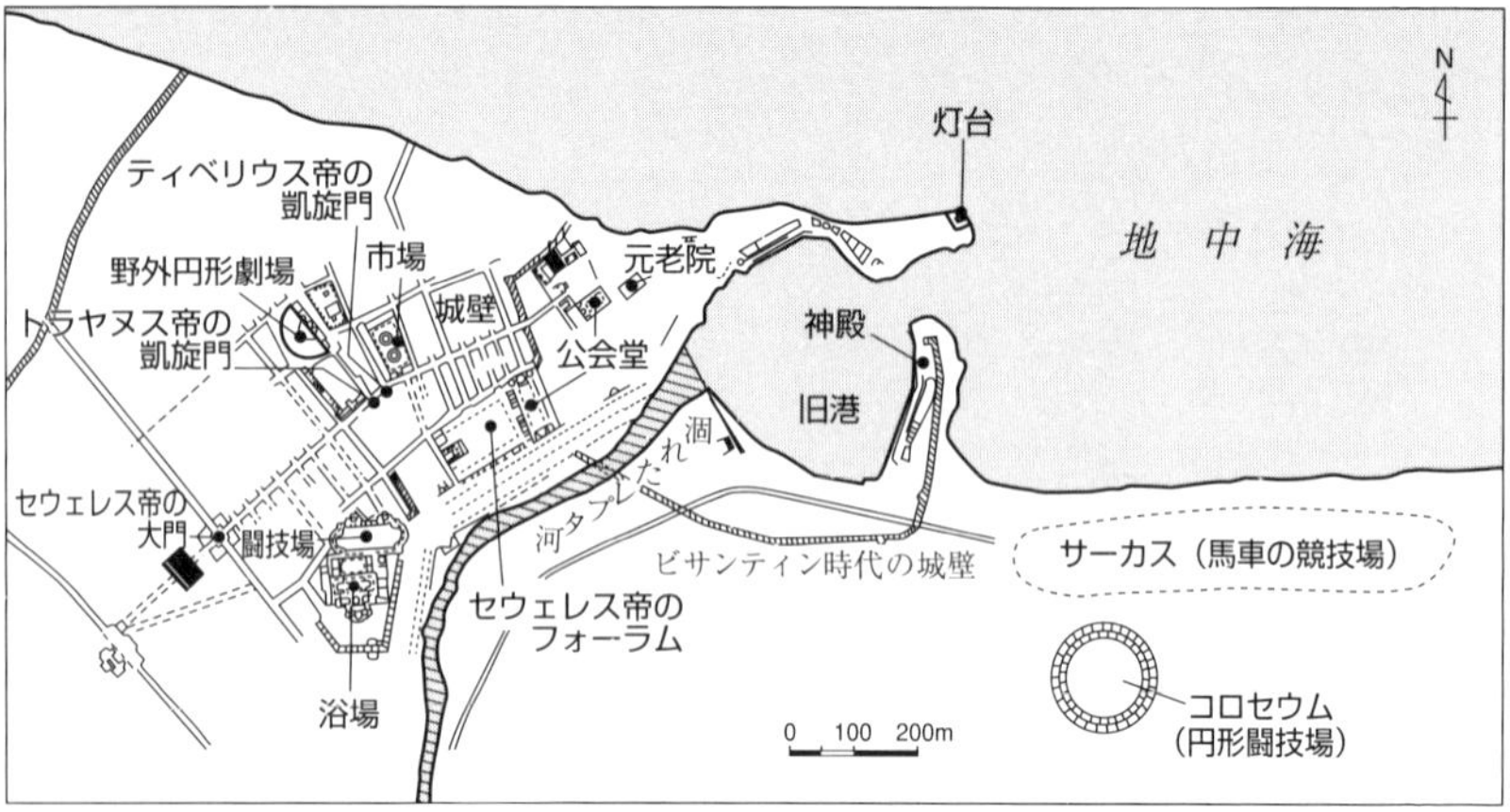

レプティス・マグナの古代ローマ遺跡

ナを建設したローマ皇帝セプティミウス・セウェルスの大門です。高さ約二〇メートル、広さ一四平方キロメートルで、大理石でできているコリント様式のものです（グラビア10ページ参照）。この大門には植物のアカウトなど細かい彫刻が施されていますが、オリジナルのものはトリポリの博物館にあります。付近の歩道の石畳の中央が盛り上がっているのは、地下に水道が敷かれているからです。

ハドリアヌス帝の浴場は、温・冷サウナ、その規模も大小と工夫されています。闘技場で運動した後に入浴をするようになっています。床はモザイク、柱はエジプト産の花崗《かこう》岩、壁には防水が施されています。当時は雨量が多く、付近には川もあり、川の上流にはダムが造られていました。一度に五十人が利用できる大理石の水洗式トイレも設置されています。ここに座って、しばし当時のローマ人気取りをきめこみました。

セウェレス帝のフォーラムは、縦一〇〇メートル、横六〇メートルの広さで、現存の遺跡の壁は煉瓦状のものですが、見る

左＝フォーラム
右＝石畳の下には水道が敷かれている
12.13

フォーラム内の
メドゥーサの像

者を圧倒します。壁面に直径五センチ前後の穴が多数あいています。これは大理石を埋め込んだ時の作業穴です。当時は壁面全体が大理石で覆われていたことを想像すると言葉もありません。フォーラム内にはメドゥーサの像や円柱が多数転がっています。大理石の円柱は色とりどりです。白いものはリビア、ピンクのものはエジプトのアスワン、緑のものはアルジェリアやシリア、レバノンから持ってきたとのことです。ここでも、地中海が果たした役割を思わずにはいられませんでした。

　城壁の内部にはセウェレス帝の公会堂、市場、裁判所、洗礼所などがあります。裁判所の所には、裁判の際自分の考えを主張する演説台もあります。この演説台にも上がってみました。トラヤヌス帝の凱旋門、ティベリウス帝の凱旋門を抜けると、野外円形劇場です。保存状態がよく、とても二〜三世紀のものとは思えません。音響効果もよいのですが、ここでは、役者がパントマイムを演じていたとのことです。野外円形劇場の

野外円形劇場　12.13

舞台近くに、皇帝の観覧席があります。皇帝の観覧席を舞台の近くに置いたのは、警備上の配慮からです。権力者も自己警備が大変だった一面を垣間見ました。

バスで数分の距離の所にある遺跡東部の円形闘技場（コロシアム）、サーカス（馬車の闘技場）に向かいました。コロシアムでは猛獣・小動物と人間を戦わせ、戦いの経過を見た審判の旗によって、勝利者になるか敗者になるかが決定されたとのことです。勝利者になれば勝利者専用の道から大衆に迎えられますが、敗者には死が待っています。コロシアムの円形のスタンドの内部は三階建てになっていて、建物内部の通路がスタンド全体を結んでいます。猛獣の檻の室もあります。

コロシアムを出て海岸部に進みますと、地中海の波打ち際に並行する形で、幅約三〇メートル、長さ約一キロのサーカスの観覧席跡の石段、出入り口が遺されています。地震によって埋もれてしまったので、極めて良い保存状態のまま遺されています。しかしながら、砂岩でできていますので発掘は難しいようです。

この遺跡は古《いにしえ》を偲ぶのに充分です。静かに目を閉じると、波のざわめきが聞こえます。

イタリア　ルネッサンスの象徴・フィレンツェ散策

ローマの外港・チビタベッキア

十二月十五日午前十一時頃、ローマの外港・チビタベッキア港が間近に見えてきました。毎度のことながら、海からの接近は港や背景の景観の特色がつかめます。さすがはローマの外港だけあって、豪華客船が十艘、付近の島往来の大型フェリーも見られます。十二時にミケランジェロ岬近くの岸壁に接岸しました。チビタベッキアは、ローマの北北西一五キロの所にあるローマの外港です。

チビタベッキアは、ローマ、ナポリ、ポンペイをはじめ、数多くあるイタリアの世界遺産観光のため同地を訪れる海の玄関口として賑わっています。

一九七一年、チビタベッキア市は日本の石巻市《いしのまき》との間に姉妹都市協定を結んでいます。チビタベッキアのガラマッタ広場には支倉常長《はせくらつねなが》像が建てられています。また、日本人画家の長谷川路可《ろか》がフレスコ画を描いた日本人殉教聖堂があることでも知られています。

一方、石巻市にはサンファン・ミュージアムが建てられ、実物大に復元されたサンファン・バティスタ号が繋留・展示されています。

このように、寄港地は日本のいずれかの都市と交流都市や姉妹都市協定を結んでいることが多いのです。

花の都・フィレンツェへ

午後一時半、二台のバスに分乗した六十三名のフィレンツェ・ツアー・グループの出発です。フィレンツェは、チビタベッキアからおよそ三六〇キロの北に位置しています。バスで片道四時間の行程。起伏《きふく》のある丘、古色蒼然たる家々、緑の野原、オリーブ林、綿羊牧場、十五世紀築城跡の山城の町、ローマ水道跡、アウトストラウゼ・デル・ソーレ（「太陽道路」）の走り。変化していく景観には、時間を忘れてしまいます。

薄暮れ時にフィレンツェに着きました。暮れ落ちたミケランジェロ広場から見るフィレンツェの夜景、教会の鐘の音、独り占めしている気分です。

翌十六日は、ホテルを朝の九時頃に出て、フィレンツェの市内を徒歩で巡りました。

フィレンツェは、十三世紀から十五世紀にかけて多くの分野で開花した街で、「ルネッサンス発祥の地」、「花の都」と呼ばれています。街にはドゥオーモ（大聖堂）、ウフィッツィ美術館、ピッティ宮殿、サンタ・マリア・ノヴェッラ教会、サン・ロレンツォ教会など歴史的建造物が多数あり、街の家々は古色蒼然たるたたずまいをしています。ここでは、狭い街道の石畳

ミケランジェロの像　12.16

ヴェッキオ橋　12.16

一枚一枚に至るまで、後世に遺していくべき世界遺産として保存されています。

ウフィッツィ美術館にはジョット、ミケランジェロ、ラファエロ、レオナルド・ダ・ヴィンチをはじめ、美術の世界で新しい時代を切り拓いた多くの芸術家の作品があり、史上最高の盛況をみせたルネッサンス期の美術潮流を忠実に表している芸術の殿堂なのです。館内からフィレンツェのシンボルの一つ、ヴェッキオ橋が見えます。

「花の大聖堂」と呼ばれるドゥオーモは、一二九六年に建設が始まり一四〇年かけて完成しています。ゴシック様式の建造物で、三色の大理石が使われています。カッラーラの白、プラトーの緑、マレンマの赤で、これらは天国、空、大地を表しています（グラビア11ページ参照）。

ドゥオーモにつながるジオットの鐘楼の頂上展望台に、妻とともに上りました。ここは高さ八四メートルで、幅六〇～七〇センチくらいの狭い石造りの階段が四百数十段あります。頂点の展望所に立つと、ドゥオーモのドーム型の頂点がほぼ同じ高さの所に見えます。五〇メートル位離れた所にあるドゥオーモは、屋上の尖頭までの高さが一〇六メートルなので、展望所の高さがほぼ同じになります。

ジオットの鐘楼の頂上展望台からは、三六〇度の大パノラマが眼下に開けています。フィレンツェがすべて見渡せるようです。歴史的な街、建造物、すべてが視界に入ってきます。

そう言えば、第二次世界大戦中も、ドイツはこの街だけは爆撃をしなかったと聞いています。このフィレンツェ、ルネッサンスを語るには、メディチ家のことやルネッサンス期以前の宗教支配についても語らなくてはなりませんが、ここでは割愛したいと思います。

ジオットの鐘楼の頂上展望台からの眺め。下はドゥオーモ　12.16

芸術の薫りをたっぷりと味わい、日も落ちた午後七時頃、我が家トパーズ号に帰ってきました。

スペイン・バルセロナ　ガウディ芸術の開花

航海時代を拓いたスペイン、芸術の都市・バルセロナ

二〇〇六年十二月十八日、トパーズ号は予定よりも一時間半早く、午前六時半頃バルセロナ港に入港・接岸しました。薄暗い中に港の灯りや客船、フェリーの明かりが輝いています。ここが十五世紀以来世界の海を制覇し、一時代を築いたスペインの地です。

スペインは、面積五〇・六万平方キロメートルで日本のおよそ一・三倍、人口約四四〇〇万人（二〇〇五年）。紀元前一四六年、共和制ローマがそれまでイスパニア地方を支配下においていたカルタゴを滅ぼしたことによって、歴史に登場してきました。しかし、歴史上、スペインをスペインたらしめたのは十五世紀からのことです。一四九二年、コロンブスが新大陸を発見した年にグラナダが陥落し、キリスト教徒による支配が確立、その後、世界の海に進出し、ポルトガルと世界を二分する勢力にまで発展、新航海時代を築きました。しかし一五八八年、無敵艦隊がイギリスに敗北、以後、スペイン帝国は衰退の一途をたどりました。近代に入り、一九三六年から三九年までスペイン内戦、一九七八年に新憲法制定に至りました。

バルセロナはスペイン最大の港湾都市で、人口は首都マドリードに次ぎ、行政市として約一六〇・六万人（二〇〇六年）、バルセロナ都市圏全体で約三〇〇万人で、ピレネー山脈の南に位置しています。

この町には建築家アントニオ・ガウディの遺した建築物がたくさんあります。彼はバルセロナで暮らし、仕事をし、グエル公園やサグラダ・ファミリアなどの作品を遺しました。バルセロナにはそのほか、ピカソ美術館、ジョアン・ミロ財団美術館、国立カタルーニャ美術館、バルセロナ現代美術館、タピエス美術館と多くの美術館があり、まさに芸術の都市として卓越しています。また、中世後期のゴシック様式の建物であるカテドラル（大聖堂）もあります。

ガウディとシュールレアリズム建築

十二月十八日、午前九時、三台のバスに分乗しバルセロナ市内へ向かいました。現地のガイドさんの話によると、今年のヨーロッパの冬は五百年ぶりの暖冬で、十二月に二五・六度を記録したとのことです。

バスは、コロンブスの塔、海洋博物館を経て、グラシア通りに入りました。グラシア通りはバルセロナのメイン・ストリートで、ここにはガウディ作のカサ・パドリョ邸、カサ・ミラ邸があります。パドリョ邸はガウディのデザインで改修された住宅で、白壁にきれいなガラス、屋根には魚の鱗を思わせるものや七色のタイルが施され、陶器製のおもちゃの家のようです。カサ・ミラ邸は六階建ての建物で、ミラがガウディに発注し完成したものです（グラビア11ページ参照）。一九〇五年から五年かけて完成したもので、切り出した岩を荒削りにした材料を使って建築しているので、別名「ラ・ペドレーラ」（石切場）ともいわれています。建物の二階全部がミラ邸で、ほかは住居になっています。両邸とも意表をついたような奇抜なものでし

グエル公園のシュールレアリズム作品　12.18

た。

アントニオ・ガウディは、一八五二年スペイン、カタルーニャ地方のレウスという町に生まれました。一八七三年、二十一歳の時にバルセロナの建築学校へ行き、そこで学び、一八七八年に建築家の資格を取っています。資格取得後、バルセロナのレアル広場の街灯づくりを初仕事に、以後次々と作品づくりに励んでいます。しかし、何といってもガウディといえば、サグラダ・ファミリアです。

サグラダ・ファミリアは、「聖家族贖罪《しょくざい》教会」、「聖家族教会」、「神聖家族聖堂」などいろいろな呼び名で呼ばれています。

サグラダ・ファミリア

バスは、グラシア通りを経てグエル公園、ガウディ博物館へ向かいました。グエル公園には、ガウディ作の二つの邸宅があります。ここは未来の住宅地を構想して建設された六十棟の分譲住宅でしたが、誰も買う人がいなくて、結局、住宅は二棟だけ完成し、一邸をグエル氏が購入、一棟はガウディが所有したとのことです。この公園には、ガウディの作でさまざまなシュールレアリズム・アートが施されています。公園の一角にあるガウディ博物館は、生前ガウディが住んでいた邸宅で、ガウディはこの邸からサグラダ・ファミリアまで通っていたとのことです。三十歳位までのガウディが手がけたものは、当時の社会的な評価はそう高くはなかったようです。

一八八二年にサグラダ・ファミリアの建築が始まりますが、初代の建築家フランシスコ・ビリャールは一年後に職を断念しました。一八八三年、二代目の建築家として任命されたガウディによってサグラダ・ファミリアの建築が進められました。ガウディ三十一歳の頃です。

以後、ガウディは設計から練り直し、一九二六年に亡くなるまで、サグラダ・ファミリアの建築に取り組みました。建築にあたって、ガウディは詳細な設計図を残しておらず、大型の模型や紐《ひも》と錘《すい》を用いた実験道具を使って構造を検討したとされています。これらの模型はサグラダ・ファミリア内に展覧されています。詳細な設計図が残っていないため、ガウディの死後、サグラダ・ファミリアの建築に関わる建築家たちによって、残されたわずかな資料をもとにガウディの構想を推測する形で現在も建築が進められているのです。

サグラダ・ファミリアの東ファサードは、イエスの生誕から初めての説教までの逸話が彫刻で表現されています。三つの門によって構成され、左門がヨセフ、中央門がイエス、右門がマリアを象徴しています。西ファサードは東ファサードと異なり、現代彫刻でイエスの最後の晩餐《ばんさん》から昇天までの場面が表現されています。北・東・西ファサードはほぼ完成していますが、

サグラダ・ファミリア　12.18

イエスの栄光を表すメインファサードがある南側は未完成なのです。

サグラダ・ファミリアの西のエレベーターで五五メートル階まで上りました。狭い石の階段と猫の額ほどのテラスからバルセロナの街が見えます。五五メートル階の所も盛んに工事をしています。工事・建設には日本の建築家も参画しています。塔の内部は円形状の空洞になっていて、上下を見ることができます。丸い形の円空洞が上下にあるのを見ると吸い込まれそうです。狭い石段を降りると、途中から工事が進んでいる様子がよくわかります。

このサグラダ・ファミリアには、特定の宗教のみを国家が庇護することができない信教の自由の原則により、国家予算が使えません。従来は献金に頼っていました。現在では観光による収入や献金に頼ることができ、建設のスピードも速まっています。しかし、最終的には十八の塔をもって完成とのことで、それまでにあと何年かかるのか定かではないとのことです。

バルセロナの街は、クリスマスを間近に控え、店やビルには電灯のデコレーションやサンタクロースが飾られています。カテドラル（大聖堂）の前には、クリスマスのデコレーションやプレゼントを売る店が建ち並び、活気にあふれていました。

日も落ちる頃、モンジュイックの丘に上りバルセロナの町を見下ろしましたが、はるか遠くまでビルが林立し、大都会が実感できます。オリンピック記念施設をバスの車窓から眺め、スペイン村のフラメンコ鑑賞に向かいました。

フラメンコは、「魂を揺さぶる歌舞」といわれていますが、その迫力には驚嘆しました。フラメンコの間にはギター演奏が入り、動と静の調和にはスペイン芸術の奥深さを感じました。

ジブラルタル　地中海の涯《はて》・関門

ロマンに満ちた地・ジブラルタル

ジブラルタルはイベリア半島の南端にあって、ジブラルタル海峡を挟んで対岸のモロッコに対しています。スペインのアンダルシア地方とは砂洲で続き、西にアルヘシラス湾があります。スペインの町ラ・リネアとは、幅一・六キロ、長さ〇・五キロの中立地帯で分かれています。対岸のモロッコに隣接するスペイン領のセウタとも対しています。

ジブラルタルはイギリスの海外領土で、自治政府、議会があります。イギリスの海軍基地があり、自由港としての中継貿易も盛んです。面積は六・五平方キロメートル、人口は約二万七四〇〇人（二〇〇七年）で、スペイン系住民が大多数を占めています。スペイン系住民の内、

ジブラルタルの岩　12.20

モロッコから移住してきた約一千人の人々がコミュニティーを作っています。そのほかにもインド・コミュニティーやユダヤ・コミュニティーもあります。そのため宗教も、数十種類の多くにわたっています。彼らコミュニティーをつくっている住民の多くは、市民権が与えられていないという問題もあるようです。

国境が近接の地なので、スペイン側から多くの人々がジブラルタル側に入り、買い物をしたりと賑わっています。空港もあります。空港に踏み切りがついていて、飛行機の離着時には遮断機が降りて道路が一端閉鎖されます。珍しい空港道路です。

ジブラルタルには、古代地中海世界の境界を示す「ジブラルタルの岩」があり、この岩と対岸の「セウタのアチョ山」はギリシア時代以降、「ヘラクレスの柱」といわれ、「地中海の門」となっています。「ジブラルタルの岩」の尖った頂上は、四二六メートルの高さです。

ケーブルカーで「ターリックの岩」の山頂に上りました。山上駅の展望台からは三六〇度の大パノラマが開け、イベリア半島、アフリカ大陸、モロッコが一望できます。古代以来、近世に至るまで、ヨーロッパ人はジブラルタルをヨーロッパの涯、地の涯と考えており、ロマンに満ちた地なのです。

この地の歴史は、ギリシア、ローマ時代に始まります。ヨーロッパ・アジア・アフリカの三大陸にとって、その地理的位置の重要性から、歴史上しばしば激しい争奪戦に見舞われました。特にスペインとイスラム勢力との争奪戦は激しいものでしたが、十五世紀半ば以来、この地はスペインが支配しました。一七〇四年にイギリスとオランダの同盟国によって支配され、一七一三年のユトレヒト条約によって、イギリスがこの地を支配し、現在に至っています。

この戦略上重要なジブラルタル海峡の最も狭い所は幅一四キロ、広い所で二四キロ、海峡の最深部は九四二メートルです。ジブラルタル側の南端、ヨーロッパ・ポイントには灯台があり、ここを航行する船の安全を守っています。

スペインの白い壁の村・カサレスへ

十二月二十日午前十時過ぎ、ミニバス六台に分乗し港を出発しました。二十分程度の走りの後、三台のバスに乗り換えスペイン側へ向かいました。ジブラルタルとスペインの国境は、両国間の緩衝《かんしょう》地帯を挟んで線が引かれているばかりですから、両足で二つの国をまたぐことができます。

ジブラルタル側で出国のためのパスポートを見せ、スペイン側で入国のパスポートを提示しました。スペインに入り、一路、カサレスを目指しました。カサレスは白い壁の村としてその

白い壁の村・カサレス　12.20

名を知られています。途中、コルクの原材料になる木々や緑の絨毯状の牧場の緬羊《めんよう》、高級住宅地、白い壁の家々が見え、はるか後方に「ジブラルタルの岩」の影が見えます。

一時間位走ってカサレスに着きました。

カサレスの高台の真下には、白壁の家々、城跡、教会が丘の斜面にまるでおもちゃの積み木の家を積み上げられたように建ち並んでいます。眼下に見えるのは、白い壁の村・カサレス。遠くの丘上には、風力発電の羽根が数十枚、ゆっくりと回っています。

その向こう、はるか彼方には、銀色に輝く地中海が大パノラマを見せ、まるで絵画の世界です。カサレスの起伏の大きい道や階段道を散策し、旧教会がある十五世紀建造の城壁跡を汗をぬぐいながら上りました。住民が家の白壁に白い顔料でお化粧直しをしています。

サンタクロースが、家々の高窓から入るような格好で吊り下がっていま す。町の広場には、クリスマス・デコレーションが施されています。教会の鐘の音が聞こえてきました。平穏そのものです。

昼食後、カサレスを発ち、一時間位の走りののち、国境を越えてジブラルタルへ再入国しました。

ジブラルタルのサンセット

今からジブラルタル巡りです。まずは、サン・ミッシェルの洞窟へ行きました。この洞窟は鍾乳洞で、中は音響効果の良い音楽堂になっていました。鍾乳洞の活用としては意表をついており、おもしろいものだと思いました。

付近には多くの猿がいます。この猿は「岩山の猿」といわれ、アフリカから連れてこられたバーバリーマカウで、時々、人に悪さをするそうです。

続いて、最もジブラルタルらしい、「ターリックの岩」行きです。ケーブルカーで頂上まで六分。四〇〇メートル程度の高さですが、一連のジブラルタルの岩山は峻険で、斜度六〇度を超えるのではないかと思います。

ジブラルタルのサンセット。右側がヨーロッパ大陸，左側がアフリカ大陸　12.20

高度を上げるにつれて眼下に地中海が広がります。湾内には多数の船が停泊しています。岩山の展望台からは、ジブラルタルの町・港、スペイン領の町・港、アフリカ大陸、モロッコ、そして眼前には岩山の中でも最も高い、三角形状の鋭い「ジブラルタルの岩」（四二六メートル）などが見えます。

最後に、ジブラルタル海峡の南端フェルセン岬のヨーロッパ・ポイントへ向かいました。ここからは、右にヨーロッパ大陸、スペインが、左にアフリカ大陸、モロッコ、スペイン領のセウタの町や「セウタのアチョ山」が見えます。振り返ると「ジブラルタルの岩」です。まさにギリシア時代以来「ヘラクレスの柱」と呼ばれてきた地に居ました。

古代ギリシア時代以来、ヨーロッパ世界の海だった地中海、その地中海の涯、地の涯に今立っているのです。

ジブラルタル海峡に太陽が沈んでいきます。両側の地の濃淡のシルエット、地中海と大西洋の境の海に茜《あかね》色の太陽が沈む、薄暗くなってゆく沈黙の世界――。至福の時間の体験は、古代以来の人々の歴史を連想させるには充分すぎるほどでした。

カナリア諸島　ヨーロッパのリゾート地

それぞれの島の特徴

カナリア諸島（スペイン領）は、イベリア半島から一八四〇キロ、アフリカ大陸沿岸から一一五キロの所にあり、火山の噴火によってできた火山島で、大小十三の島からなっています。北回帰線と北緯三〇度の間に位置しており、そのため平均気温は春が二〇・六度、夏が二四・三度、秋が二〇・五度、冬が一七・七度と、一年を通じて温暖な気候に恵まれています。

面積は七四四七平方キロメートル、人口は約一九七万人（二〇〇七年）。十四世紀に原住民の存在が確認され、十五、十六世紀の航海時代以降、ヨーロッパ、アメリカ、アフリカの三大陸を結ぶ海上航路の中継地としての役割を果たしてきました。

カナリア諸島の島々はそれぞれ特徴を持っています。グランカナリア島は、カナリア諸島では二番目に大きな島で、リトル・コンチネント（「小さな大陸」）といわれ、大陸がもっている自然の様子がすべてあるといわれるほど多様性に富んだ島です。この島の周り二四〇キロに及ぶ海岸沿いには砂浜が多く、南部にはおよそ九キロにわたって黄金色の砂浜・砂丘が続いています。

この島のテルデ市は、非核宣言都市で、我が国の日本国憲法第九条を訳した碑を建てていて、碑が建てられている広場を「広島・長崎広場」と称しています。

テネリフェ島は、カナリア諸島最大の島で、スペイン最高峰三七一〇メートルのテイデ山があり、国立公園になっています。この島にある大学の街で四つの美術館があるラ・ラグナ市の旧市街地には十六、十七世紀の邸宅が遺り、一九九九年に世界遺産に指定されています。

フェルテベントゥラ島の中心地はほぼ砂漠状態で、南部には白い海岸があり、ダイビングに適しています。

ランサローテ島の中心地アレシェフの地域には、長い間の噴火の繰り返しによってできた三〇〇以上のクレーターがあります。

パルマ島は緑豊かな島で、段々畑による耕作が行われています。この島の中央には、世界最大のクレーターの一つ、幅八キロ、深さ約一〇〇〇メートルの規模を持つカルデラ・デ・タブリエンテがあります。

ゴメラ島は島全体が山になっていて、最高峰一四八七メートルのガラホナイ山は世界遺産になっています。島の海岸は切り立った崖で囲まれていますが、島内では段々畑で耕作が行われています。

エル・イエロ島は、噴火口を半分に切ったような形をした島で、沿岸部の岩場はダイビングで賑わっています。

このようにカナリア諸島の島々には、バラエティーに富んだ自然があり、現在ではヨーロッパのリゾート地として多くの人々が訪れています。また、サハラ以南のアフリカ大陸からの移民も多く、二〇〇二年に一万人、二〇〇六年にはすでに九千人が移民として島に来ています。

グランカナリア島一巡り

十二月二十三日、午前九時半頃ラス・パルマス港を出発し、アルーカスの町に向かいました。バスの右側には大西洋と断崖海岸、はるか向こうには長い砂浜が続き、内陸部にはバナナ園、住居が見えます。左側は黒くてごつごつした溶岩の岩肌の丘・山、それを抜けるとバナナ園、ビニールハウス、そして家々が見えます。

アルーカスの町にあるサン・ファン教会は、すべて手製、グランカナリア島の溶岩で造られています。荘厳な内部は、フランス製のステンドグラス、竹製のパイプオルガンが置かれ、静寂の世界です。教会内部の一角に黄色の布に覆われた所があり、少し開いている所から内部が見えます。キリストの生誕を描いているミニチュア人形群です。クリスマスには覆っている布を取り、人々に開放するそうです。

教会の外に出て静かな町を歩いていると、教会の鐘が鳴りだしました。静かで平和な情景です。バスは九十九折《つづらおり》の道を高度を上げてテロールの町へ向かいます。白壁の家々、ジャガイモ畑、貯水池、バナナ園、溶岩肌の山と景観を変えて進みます。

グランカナリア島は直径約五〇キロの円形状の島で、面積一五六〇平方キロメートル、人口八〇万人（二〇〇一年）、島の四六％はユネスコ自然遺産になっています。最高地点はロケムグロ山で、高さ一八〇〇メートル。水は海水を濾過しているものが主ですが、家々には屋根に貯水タンクがあります。

テロール市は静かな町で、教会、瀟洒な市庁舎、図書館、松製のテラスの家々が並び、落ち着いた町です。刺繍、香水、ドライフルーツ、チーズ、蜂蜜と多彩なものが特産品になっています。近くのスーパー・マーケットにバナナを買いに行きましたが、そこで会ったおじさん、

マスパロマスの砂丘　12.28

おばさんは、屈託なく、親切でした。

テロールの町の教会の鐘が鳴っています。周囲に気配りするかのように静かな響きでした。

バスはテロールを後にし、さらに細い九十九折の道を高度を上げてクルース・デ・テヘーダに向かいました。クルース・デ・テヘーダは標高一五〇〇メートル近くあり、霧が出て気温も相当下がって、寒さも一段と増した感じでした。早々に引き上げました。バスは高度を下げてサンバルトロメの展望台に向かいました。

サンバルトロメの展望台です。ここから島の最高峰ロケムグロ山の独立峰（岩）が見えます。霧はすっかり晴れて、付近の火山性の岩の山々が荒々しい岩肌を見せ、一大パノラマを描いています。なんだかオーストラリアのブルーマウンテンかヨルダンのワディラムの山にも似ています。バスは高度を下げていきます。車窓からは火山性の荒々しい岩山が次から次に姿を見せ、景観を変えていきます。

しばらく走るとマスパロマスの砂丘に着きました。マスパロマスの砂丘は鳥取の砂丘より規模は大きいようです。風が強く、砂の風紋が見事でした。耳にも目にも砂が飛び込んできます。

砂丘を早々に発ち、大西洋岸の風力発電所の羽根群や砂浜、家々を左右に見て走り、およそ一時間後に港に着きました。

たった一日の島巡りでしたが、グランカナリア島の「リトル・コンチネント」（小さな大陸）ぶりをとくと実感したものでした。

第 4 章

大西洋～太平洋

アマゾン川とネグロ川の合流点　1.1

大西洋航行記

ヨーロッパとアメリカの架け橋・大西洋航路

大西洋（Atlantic Ocean）は、ヨーロッパ大陸とアフリカ大陸、アメリカ大陸の間にある海です。Atlantic Ocean はアトラス山脈を表し、ギリシア神話のアトラスの神に由来しています。

面積八六六〇平方キロメートルで、ユーラシア大陸とアフリカ大陸の合計面積よりも少し広い海です。縁海として、メキシコ湾やカリブ海を含むアメリカ地中海、地中海、黒海、バルト海があります。大西洋の水深は四〇〇〇～五〇〇〇メートルの部分の面積が最も多く、ほかの大洋と比較した場合、浅い部分の面積が多いことが特色と言えます。

いわゆる大陸棚の面積が八・七％（太平洋五・六％）、水深〇～二〇〇メートルの面積が一九・八％（太平洋一二・九％）を占めています。平均水深は太平洋、インド洋、大西洋のうち、最も浅い三七三六メートルで、大西洋の最水深はプエルトリコ海溝の八六〇五メートルです。

年平均水温は四度です。

大西洋を環流している主な海流には、北大西洋海流、ラブラドル海流、メキシコ湾流、カナリア海流、アンティール海流、北赤道海流、南赤道海流、ベンゲラ海流、ブラジル海流、フォークランド海流があります。

海洋底の構造は、北端から南端までほぼ中央部を南北にのびる大西洋中央海嶺《かいれい》で、太平洋と比較すると、海嶺や海山の発達が乏しいのが特色と言えます。

ジブラルタルからカナリア諸島ラス・パルマスへ

十二月二十日、午後十一時にジブラルタルを出港したトパーズ号は、進路を南西に一路カナリア諸島のラス・パルマスへと向かいます。

二十一日、厚い雲と海のわずかばかりの間に輝くばかりの太陽が昇り、雲間に隠れてしまいました。三分間ばかりの自然の珍しいショーでした。時々洋上に船影が見えます。

この日、トパーズ号の船内掲示板による情報では、位置は北緯三四度二〇分、西経一〇度八分、船のスピード一四・五ノット、風速西よりの風八ノット、水深一六〇〇メートル、気温一四度、水温一九度、波六〇～九〇センチです。平穏な航行です。

二十二日も終日平穏で、波静かなものでした。

二十三日、予定より早めの午前六時過ぎ、まだ薄暗い中にラス・パルマスの灯りが見えはじめました。午前八時にラス・パルマスに入港、初めて来る東アフリカの一端の地です。初めて見る大西洋上の島です。感動ひとしお。

ラス・パルマスからブラジル・ベレンへ

二十三日、午後十一時にラス・パルマス港を出て、一路ブラジルのベレンへと向かいます。ラス・パルマス港には捕鯨船が多数、キャッチャーボート、捕鯨母船が数隻、停泊していました。これらの船が停泊しているのを目にして、大西洋上で鯨に出合える確率が高くなったとひそかに期待しました。

二十四日、船内ではクリスマス気分が盛り上がっています。自主企画、ピースボート事務局主催の行事が多種・多彩に組まれています。この日は久しぶりに波が高く、船内ではローリング（揺れ）のためエレベーターがストップしました。また、船酔いの人も多数出ていました。波の高さは二四〇〜三六〇センチと発表されましたが、実際はもっと高かったものと思います。これは大西洋の歓迎の挨拶なのでしょうか。

二十五日、午前八時五分に昇る太陽は遠慮気味です。濃紺の大西洋には船影を見ることができません。気温二一度、水温二〇度、波の高さ九〇〜一五〇センチで、次寄港地ブラジルのべ

8メートルの波高の大西洋　12.24

レン港まで一九五二海里となりました。船の影も見えない、ただただ丸い水平線の世界です。

二十六日、北回帰線を越えて南下しています。位置は、北緯一六度五七分、西経二八度一八分です。気温二四度、水温二五度、波の高さ六〇～九〇センチなので、デッキ・プールで久しぶりに水泳をしました。

二十八日、大西洋は久しぶりに快晴です。波の高さは九〇～一五〇センチ。海は濃紺、相変わらずの丸い水平線です。船の音に驚いているのでしょうか、トビウオがどんどん飛んでいます。まるで小さな飛行機群のよう。気温は一気に二七度に上がりました。

二十九日、大西洋の航行も六日目、目指すブラジルのベレンまで、あと五五四海里になりました。この日の二十四時には時計を一時間遅らせ、日本との時差がマイナス十二時間になりました。波は、九〇～一五〇センチですから、穏やかなものです。水深四六〇〇メートルの航路を一五・六ノットで順調に進んでいます。

三十日、今年も残り二日になってしまいました。ベレンまで一七一海里。トパーズ号は一三ノットで順調に進み、赤道越えをしました。今回の赤道越えにインド洋のような華麗さはなく、地味なものでした。

三十一日、一週間にわたる大西洋の航行も、今年最後の大晦日に終わりました。トパーズ号は、早朝六時にベレン近郊のイコアラシの沖に碇《いかり》を下ろしました。南緯一度の位置になります。ここはもう、アマゾン川です。それを象徴するように、川面は黄色です。濃紺の海から黄色のアマゾン川、まさに水の七変化。トパーズ号のトイレの水も、黄色に変わりました。水洗トイレには、海水・河川水を利用しているのでしょう。

停泊した位置からベレン港まで一五キロ程ですが、シャトルボートで移動することになります。大西洋もここ数日は穏やかな姿を見せてくれました。

アマゾン・マナオス　ジャングル・ツアー

活気あふれる町・ベレンへ

カナリア諸島のラス・パルマスを出港して大西洋を一週間航行し、年の瀬も迫った十二月三十日に赤道を通過しました。

トパーズ号は、三十日の午後九時頃パイロット・ポイントに着き、アマゾン川河口に入っていきます。暗くて見えないのですが、昼間見ると海の色は赤茶けていることでしょう。アマゾン河口の三角洲のマラジョ島は九州くらいの大きさですので、アマゾン川の対岸は見えないのでしょう。

上＝シャトルボート
下＝ベレンの市場　1.1

河口に入り、ベレンから一五キロ離れたイコアラシ沖に碇を下ろしました。ここからベレン港へは、シャトルボートに乗り換えて上陸しなければなりません。川の流れまかせですので、トパーズ号からベレンまでは、川の上下の流れによって四十分から九十分ぐらいかかります。

ベレンは、アマゾン川河口にある砂洲マラジョ島の南対岸に位置しています。アマゾン川の支流ガロ川に面したブラジル北部パラ州の州都で、人口は約一四二万人、首都圏で約二〇〇万人（二〇〇四年）、同州最大の都市です。ここはかつて、ポルトガルの植民地の根拠地だったこともあって、現在でも植民地時代の歴史的建造物などが数多く遺っています。

十九世紀から二十世紀の約四十年間、天然ゴム需要の高まりでベレンは重要な都市となって繁栄し、莫大な富がもたらされました。その間に、ラウロ・ソドレ宮殿、ベル・オ・ペーゾ市場、アントニオ・レモス宮殿、パス劇場など、豪華な建造物が数多く建設され、現在に至っています。

町にはマンゴーの並木道があり、「ベレ

上＝時計台広場
下＝ベレンの町　1.1

ンはマンゴーの町」ともいわれています。ベレンの市場には、アマゾン原産の植物、ハーブ類、魚・肉・野菜・果物、衣服、雑貨と、多種多様のものが並べられ、行き交う人々も多くて活気にあふれています。港には水揚げされた大型のアロワナやナマズが並べられています。アマゾンの恵みを目のあたりにしました。

カステロ要塞、宗教美術館、時計台広場、ドン・ペドロ二世広場、市役所、政庁、店が軒を並べている町を散策しました。伝統的な量り売りをするナチュリスタと呼ばれる専門店もあります。凄まじい雑踏でした。

正午過ぎに帰船し、何気なく船室から外を見ると、大河アマゾンに水のカーテンを引いたような大スコールの発生です。まるで水の煙です。水の恵みです。これからも度々、アマゾンの大スコールに出合うことでしょう。

今回の船旅では、トパーズ号から一時離脱し、一月一日から六日まで「アマゾンの都市・マナオスとギアナ高地六日間」のオプション・ツアー（三十四名）に参加しました。

セアザ港の川の上のガソリンスタンド　1.1

ベレンからマナオスのジャングル・ツアーへ

一月一日、トパーズ号で正月を迎え、午前九時、シャトルボートでベレンへ向かいました。アマゾンの空は白・灰色で、大きな積乱雲が絵を描いているかのようです。ベレン港に向かう川には、帆船、小舟が行き交い、時折椰子の実が流れています。両岸にはジャングルや小さな町が点在しています。

十二時二十五分、ベレン空港を発ったゴル・トランスボルテ航空1642便は、途中サンタレン空港を経由し、現地時間の十五時にマナオスのエドゥアルド・ゴメス国際空港へ着きました。ベレン－マナオス間の機内から見える眼下の景観は、ジャングル、湿地、沼地、蛇行する川と、多彩に変化していきます。焼き畑も見られます。

マナオスの空港着後、バスでセアザ港に行き、いよいよアマゾンジャングル・ツアーが始まります。

これから三日間は、アマゾン川沿いのアマゾン・リバーサイドホテル・マイナンを基地に、アマゾンを存分に堪能します。港でアマゾン独特の二階建ての船に乗り、アマゾン川を下ります。

港を出てしばらくすると、ネグロ川とアマゾン川、二河川の合流点にさしかかりました。ネグロ川はコロンビアのアンデス山脈を源に持つ川で、植物の腐葉などにより、川はチョコレート色、コーヒー色に染まっています。一方、アマゾン川は黄色の川です。この両河川がはっきりと境界線を作って流れている様は、見飽きることがありません（アマゾン川とネグロ川の合流地点は、グラビア12ページ参照）。アマゾン川沿いの川岸の土地は、テラロッサやラテライトが充分に含まれて栄養に富むため、農業などに適していますが、ネグロ川沿いの川岸の土地は栄養が充分でないために、アマゾン川沿いのように土地は肥えていないのです。

シャトルボートでリバーサイドホテルへ　1.1

合流地点から一時間程川を下り、川の中の灯台を過ぎると、間もなくホテル・マイナンです。

野生ワニ観察とピラニア・フィッシング

ホテルでの小休止の後、夕暮れ迫る五時過ぎ、モーター・カヌーでサンセット・クルーズに出かけました。世界中で、川の中にある灯台があるのは四カ所だけで、そのすべてがアマゾン川にあります。大河の真ん中にあるその灯台の一つを背景に、大河アマゾンの彼方に沈んでゆ

アマゾンの落日。川の中の灯台　1.1

く太陽が神秘の世界を描いています。ここでも水と太陽の恵みをとくと感得しました。

夕食後は野生ワニの観察ツアーです。六人乗りのモーター・カヌーに二人の現地ガイドも乗り、アマゾン川支流のプラケカウラ川に出かけました。

支流の澱《よど》んだ淵の水没した陸稲《りくとう》の茂みを、サーチライトで照らします。野生ワニの光る目を探すのです。近づくと、音に敏感なワニが逃げるので慎重に近づきます。淵のわずかばかりの川岸に、現地のガイドが入り、素手でワニを摑まえます。現在では、捕獲するワニは体長一メートル以下のものに限定されているとのこと。それ以上の大きなワニは危険だからです。二、三回程チャンスはあったのですが、結局この夜は捕獲ゼロでした。

午後十時半頃、三つのグループが合流しました。ほかの二つのグループがワニを獲っていました。体長七〇センチ位のもので、三歳ワニとのことでした。手にしたり、野生ワニの生態について説明を聞いた後に、ワニを川に返しました。捕獲できなかった私たちのグループは、翌日の夕方八時頃から再び出かけました。今度は体長七〇センチ位のワニを捕獲することができました。

二日目は午前五時二十分に集まり、サンライズ・ツアーに出かけました。

アマゾン川を少し上り、川岸の岩に上陸しました。あいにく雲が厚く、太陽を拝むことはできませんでした。しかし、付近にはコビトイルカが多く、イルカの動きに皆、歓喜の声を揚げていました。

この日は、午前十時頃から二時間かけて付近のジャングル探索に出かけました。ジャングルに茂る木々には、薬になるものが多いことや、水の採取ができることなど、目新しいことばかりでした。斜面の巣穴に煙をいぶし、針金を差し入れて手の平大の毒蜘蛛タランチュラを引き出したり、ジャングルならではの貴重な体験をしました。

午後三時頃からはピラニア釣りです。モーター・カヌーに八人ずつ分乗し、支流の陸稲の茂みの所に船を停め、ピラニア釣りです。針に鶏肉をつけて釣り糸を淵に垂らします。竿《さお》の先で水面を力強くかき混ぜ、音を出します。ピラニアがいれば集まってくるとのことです。

ピラニア釣りは、竿・糸に反応があって、合わせるタイミングが難しいのです。絶妙のタイミングでないと釣り上げることができないのです。十回くらい餌の肉を食べられ学習した後に、まずナマズが釣れました。バシャバシャと水面をたたくこととタイミングを会得し、ピラニアを四匹、計五匹釣り上げました。ピラニア釣りツアーの全員が、ほとんど一匹か、よくても三

匹しか釣り上げられなかったことからいえば、五匹はツアー仲間の中で最高の成果です。現地の日系ガイドは十匹釣り上げたとも聞きました。釣ったピラニアは、唐揚風に姿を変えて夕食の食膳に出ました。骨っぽくて、あまり美味とは言えないしろものでした。

三日目の朝六時頃、大スコールが発生しました。アマゾン川に轟音《ごうおん》と閃光《せんこう》が走ります。大地が裂けんばかりの凄まじさです。よく「バケツを引っくり返したようだ」と言いますが、バケツではなく、ドラム缶を引っくり返したようでした。ホテルのスタッフが、このスコールは午前中はやまないだろうと言っていました。アマゾンの豪快さ、雄大さを実感しました。またしても〝水の恵み〟を、海ならず川で実感しました。

やまないスコールの中、現地人カボクロの家訪問と、天然ゴム採取のデモンストレーションを見学しました。側面がオープンのモーター・カヌーで大スコールのアマゾン川を走りました。アマゾンはワイルドでした。

アマゾンのジャングル都市・マナオス

港から、昼食の場所の川港町のプラグロアラ（「電気鰻」の意あり）へ向かいました。ここは発展途上の町です。ここではマナオスのとびきりの魚料理で昼食です。マナオス自慢の珍味の魚料理は、トゥクレナのスープ、

アドウフォ・リスボア市場の山積みのバナナ 1.3

ピラルクの鉄板焼き、タンバッキーのすり身フライ、フルーツほかです。

食後、バスはマナオスの中心街に向かいました。道路は鮮やかな赤色をしたラテライト土壌のものです。第一工業団地、第二工業団地、セメント工場などを通り、中心街に着きました。

まずは、ネグロ川岸のアドウフォ・リスボア市場の散策。この市場にはありとあらゆる種類のバナナが山積みにされています。バナナには、果物用と料理用とがあります。果物バナナは、一五〇～一六〇本位の束が日本円に換算して二〇〇円位で売られています。バナナのほか、スイカ、瓜、野菜と、多彩・多量にあります。魚市場にも、肉市場にも、雑貨市場にも、アマゾン特有のものが多種多様に、雑然と並べられています。活気にあふれているのは、ベレンの市場と同じです。ブラジリアンの陽気さとサンバのエネルギーと大スコールに、重なるものを感じました。

市場からバス・ターミナル、カテドラル、十一月十九日広場、市庁舎、図書館を通り、アマゾナス劇場、アマゾン自然科学博物館に向かいました。

アマゾナス劇場は、一八九六年から十七年間かかって建設されたオペラ劇場で、かつてブラジルが天然ゴムの生産で一時代を風靡《ふうび》した時の所産とも言えます。内部は四階建てで、観覧席

マナオスのアマゾナス劇場　1.3

が六八五席設けられています。緞帳《どんちょう》は一二〇年前のものですが、今でも使われています。

劇場前のセバスチャン広場は、ちょうどクリスマスの時期と重なって賑わっていました。ブラジルに限らず世界の多くの国では、クリスマスの期間が一月六日までなのです。それにしても、熱帯でサンタクロースが赤ひげ、赤帽、赤い服とは、なんとも奇妙なものでした。オーストラリアではサンタクロースがサーフボードに乗った切手があるというのも納得です。

アマゾン自然科学博物館は日本人の経営で、アマゾン特有の魚、鳥、虫、植物などの様態や生態をわかりやすく展示しています。

日本人といえば、現地ガイドによると、ブラジル在住の日系人は一万二〇〇〇人、日本国籍を持つ在住者は二〇六八人（いずれも、二〇〇六年十二月現在）とのことでした。

翌一月四日は、午前中マナオスのホテルでゆっくりした後、午後はマナオスからパナマ経由で、ベネズエラのカラカスへおよそ七時間かけて移動しました。この移動には、時差やパナマ・シティー空港での乗り換えなど複雑なものがありました。ベネズエラのカラカスのホテルに着いたのは、深夜の十二時過ぎでした。

ギアナ高地に向うビーチクラフト機　1.5

ギアナ高地

地球最後の秘境

地球のへそ・ギアナ高地

ギアナ高地とは、南米コロンビア東部、ベネズエラの南東部、ブラジル北部、ガイアナ、スリナム、フランス領ギアナと国境を接する一帯に広がっている堅い岩盤の上に形成された平らな台地を指します。

面積は日本の約一・五倍、スペイン語で「グラン・サバナ」と呼ばれる大草原地帯が主ですが、この大草原地帯にインディオの言葉で「テプイ」、スペイン語で「メサ」（テーブル）と呼ばれるテーブルマウンテン（卓上台地）が百カ所以上点在しているのです。このテーブルマウンテンは、柔らかい部分は風と雨に洗い流され、岩盤の硬い部分だけが残り、台地状に突出したもので、その頂上はテーブルのように平らで直下に向かって一〇〇〇メートル近い断崖で囲まれています。

ここはおよそ二十億年前の、地球上で最も古い古生代の岩石でできています。かつて、南アメリカ、アフリカ、オーストラリア、南極大陸は「ゴンドワナ大陸」といわれ一つのものでしたが、今から二億五千年前、ゴンドワナ大陸は約二億年の間に現在の南アメリカ、アフリカ、オーストラリア、南極の四つの大陸を創ったとされています。この地殻変動はギアナ高地を中心に起こり、ギアナ高地はこの地殻変動にも動じることはなく何億年もの時を経てきています。つまりギアナ高地は、二十億年の歴史を知る「地球の固定軸」、「地球のへそ」なのです。

ギアナ高地のテーブルマウンテン　1.5

地球最後の秘境でエンゼルフォールを見る

一月五日、三十四名はカラカス空港を発ち、オリノコ河畔の都市シウダーボリバルのプエルトオルガス空港へ行き、ここで二機のチャーター機に分乗し、ギアナ高地の麓のカナイマ国立公園に向かいました。筆者らは一機目のビーチクラフト一九〇〇eに乗ることになりました。十九人同乗です。機は右側二列席、左側一列席の配置になっています。最後列の右窓側の席に座りました。

この席からでも操縦室がよく見えます。窓からの展望も申し分ない席です。

午後一時七分、機はエンジンをかけ、いよいよ出発です。離陸後、ぐんぐんと高度を上げていきます。眼下には、蛇行する大河オリノコ川やシウダーポリバルの町並み、鉄鉱石の製錬工場群などがよく見えます。

雲間から草原、丘、町が見え隠れしています。操縦士は副操縦士と時折会話をしたりと、一見リラックスしています。

やがて眼下に沼状の湖が数多く見えてきました。これは湖ではなく、グリ貯水池です。さらに草原、丘と、風景が次々に変わっていきます。午後一時三十四分、機は高度を上げます。雲が流れていきます。雲間から貯水池が見えます。

午後二時二分、機は高度を下げはじめて揺れます。テーブル状の切り立った崖が雲間からすぐ近くに見えます。機は崖に近づいていきます。テーブル状の切り立った崖が雲間からすぐ近くに見えます。

ビーチクラフト機内から見たエンゼルフォール　1.5

峻険《しゅんけん》な崖の岩肌がすぐ側に見えます。近づき過ぎているのではないかと不安な気持ちになった時、機長のアナウンスが入りました。

「レフトサイド、エンゼルフォール」

雲が流れたテーブルマウンテンの頂上から、崖が直下に切り立っています。一筋の滝が糸を引いて落ちています。まぎれもなくエンゼルフォールです。水量はあまり多くありませんが、一〇〇〇メートル近く直下に落下していきます。夢にまで見たエンゼルフォール。

機は旋回しています。再び機長のアナウンス。「ライトサイド、エンゼルフォール」。デジタルカメラのシャッターを押しました。六枚、写っています。気がつくと崖がすぐそこに迫っていました。

ガイドから、ツーリストでエンゼルフォールを見ることができるのは二割に満たないと聞き、この度の幸運に感謝しました。

午後二時四十分、機はカナイマの空港に着きました。多数の小型機が駐機しています。今夜泊まるオトゥルベンサ・ロッジは、空港からすぐ近くでした。

上＝カナイマ国立公園の滝
下＝カナイマ湖の夕暮れ　1.5

カナイマ国立公園で滝三昧

ロッジのセンターからは、カナイマ湖、この湖に流れ込む滝、はるか遠くにはテーブルマウンテンが見えます。鳥が鳴き、花咲く絶景のロケーション。ロッジ到着後、昼食をとり、休む間もなくカナイマ散策・滝見学です。

カナイマ湖には、カラオ川を水源にして、ウカイマの滝、ゴロンドリナの滝、ワダイマの滝、アチャの滝、エル・サボの滝と、多くの滝があります。湖にはアナトリー島もあります。木をくりぬき、横に装飾を施した独特のボートに分乗して、湖を散策。豪快な滝見学です。

滝の見学後、アナトリー島に上がり、サボ滝の落下点に行きました。灌木と石道とジャングル状の地域を上下し、サボ滝の落下点を通りました。事前に準備していた滝水に濡れてもよい服装でしたが、相当量の水を浴びました。まさに滝三昧でした。

夜はロッジでワインを飲み、語り、歌と踊りに興じました。地元の人々が民族踊りを披露してくれました。現地カナイマの子らも加わり、子らとともに輪になって歌や踊りに時を過ごしました。でも、子らには笑顔がなく、なんとなく元気がなかったのはどうした訳だったのでしょう。

満天の星が輝いて、カナイマの夜は更けていきました。

ガラパゴス諸島　ダーウィンの進化論検証

かけがえのない地球遺産

太平洋の東方、ほぼ赤道直下、南アメリカ大陸のエクアドル本土から約一〇〇〇キロ西にガラパゴス諸島はあります。十六の島と多くの岩礁が、赤道を挟んで南北にまたがるように点在

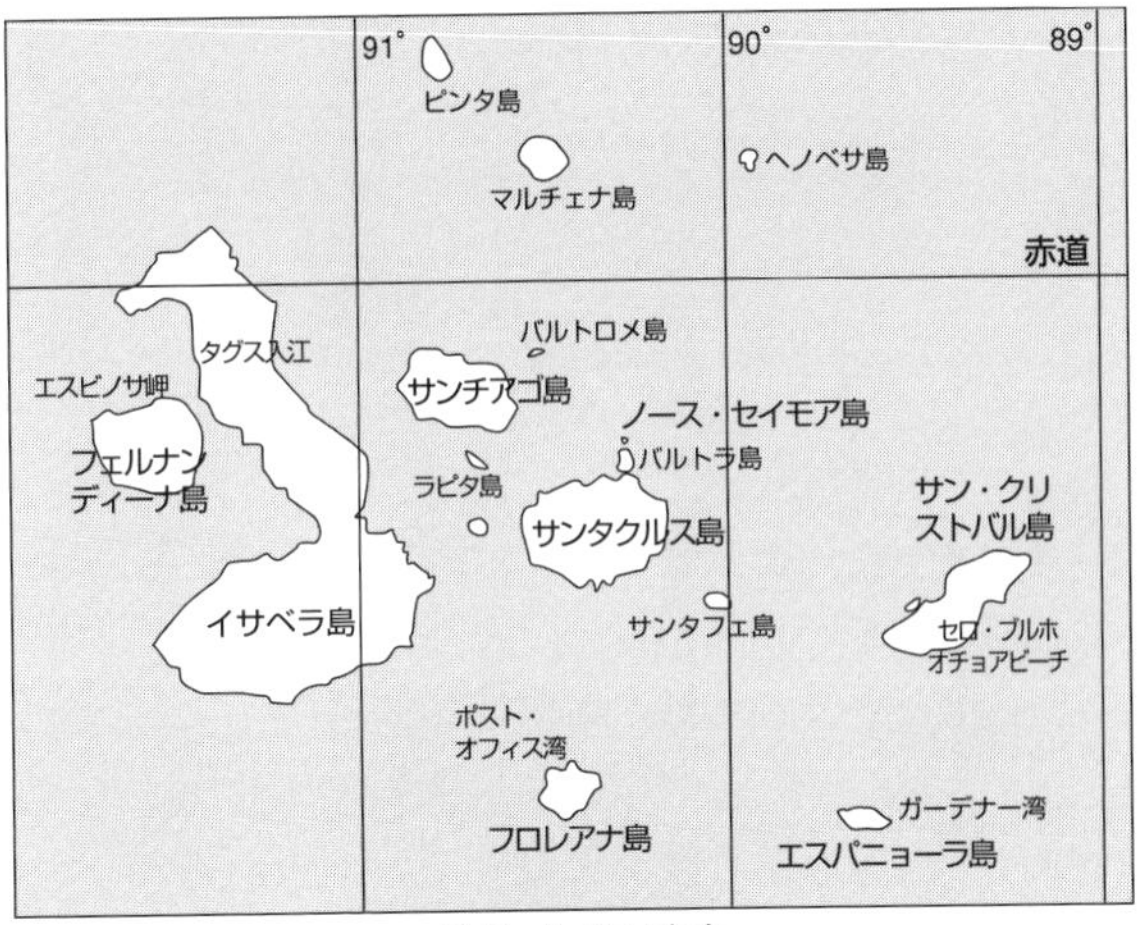

ガラパゴス諸島

しています。諸島の総面積は約七八一二平方キロメートル、四国のほぼ半分の広さで、火山活動でできた島です。赤道直下の熱帯の低地にもかかわらず、南極に源を発するフンボルト寒流の影響で水温は比較的低く、年平均気温は二五度を上回ることはありません。

十六世紀に発見されて以来、海賊の時代から入植の時代へと移り変わってきましたが、ガラパゴスといえば、チャールズ・ダーウィン、「進化論」です。

ダーウィンは、一八三五年、イギリスの軍艦「ビーグル号」でガラパゴスに来ました。当時、二十六歳の博物学者ダーウィンは、ガラパゴスに約五週間滞在し、生物の研究をしました。彼はのちに『ビーグル号航海記』を刊行し、その中でガラパゴスの紹介をしました。

一八五九年には研究の成果『種の起源』を発表し、多くの反響を呼びました。『種の起源』の原題は、「自然淘汰、すなわち生存格闘における有利な変種の存続に基づく種の起源」で、「変化しながら子孫に伝わることが進化である」と説いています。これは、生物は親から子・孫の世代へと時間が経過していく中で、生物の持つ性質が変化していくことが進化現象であるというものです。

太平洋の中の火山島であるガラパゴス諸島には、もともと陸上生物は生存していなかったと解されています。そこに生物が生存しているのは、ほかの地域から移住したものと考えられます。それには、「海流に乗って運ばれてくる」か「風によって運ばれてくる」か、「鳥によって運ばれてくる」という経路が考えられるのです。このいずれかの状況のもとで運ばれてきた生物の種が、新たな地域ガラパゴスに定着し、それら生物のもともとの種と交わることなく、独立した生物を創りだし、独自の進化を遂げていったと解されています。

ダーウィンが『種の起源』を発表して百年目の一九五九年、エクアドル政府はガラパゴス諸島全域を国立公園に指定しました。同年、「ガラパゴス諸島特有の生態系を保護し、必要な研究の推進」を目的にした、チャールズ・ダーウィン財団ができました。

一九六四年にはチャールズ・ダーウィン研究所が、一九六八年には国立公園事務所および研究所が設立され、地球遺産としてのガラパゴス諸島の自然保護、管理にあたっています。ここでは、①ガラパゴス諸島内の生物の分布調査、②絶滅の危機にある動物の増殖、③野生化した移入動物の撲滅《ぼくめつ》、④冬眠やガイドの教育、を目的に日々活動がなされています。

エクアドルのグアヤケルからガラパゴスへ

ガラパゴスはエクアドル共和国にあります。エクアドルは面積二六万平方キロメートル（ほぼ本州と九州を合わせた広さ）、人口約一三〇〇万人（二〇〇六年）の国です。首都は、海抜二八〇〇メートルの高山都市のキトです。

グアヤケルはガラパゴス諸島の入り口の役目を果たし、人口もキトよりも多く賑わっている都市です。海岸地域にあり、緯度的には熱帯地方に位置していますが、フンボルト海流とパナマ海流の影響で、雨季と乾季があります。一月から四月が雨季で、七月から九月までが乾季にあたります。学校では雨季休みが二カ月間ある、と現地ガイドが言っていました。また、年中蒸し暑いとも言っていました。

ガラパゴス諸島入島券

一月八日午前十時、グアヤケル空港を出発したアエロガル航空2K32便は、十一時三十分、ガラパゴスのバルトラ島の空港に着きました。ガラパゴス諸島とエクアドル本土とは時差が一時間ありますが、ガラパゴス諸島は本土の時間で動いています。空港に着き、入関手続きをする場所に行くまで、ガラパゴスリクイグアナが足下に数匹いるではありませんか。

バスに乗り、港に着くと、なんと数十匹のガラパゴスアシカが群れていました。この出迎えには感動しました。港からはゴムボート

上＝ガラパゴス探索の母船・レジェンド号
下＝レジェンド号から島々に渡るためのゴムボート　1.8

に乗り、これから三泊お世話になる「レジェンド号」へ向かいます。乗船手続きや船内生活オリエンテーションをすませ、昼食の後、いよいよガラパゴス探索開始です。

十三人一チームでゴムボートに乗り、まずは、チャイニーズ・ハットにウエット・ランディングで上陸しました。上陸方法には、船着き場や足場があって足が濡れないドライ・ランディングと、足場がないため海に入って上陸するウエット・ランディングがあります。

ここでは、ガラパゴスアシカ、ガラパゴスヨウガントカゲ、ガラパゴスペンギン、ガラパゴスウミイグアナを観察することができました。人間を恐れない生態にまず驚きました。

《ガラパゴス探索記①》チャイニーズ・ハット、サンタクルス島、フロレアナ島

昨日八日は、手始めにチャイニーズ・ハットでの観察でした。

一月九日、午前中はサンタクルス島のドラゴン・ヒルにウエット・ランディングで上陸し、ガラパゴスリクイグアナ、ガラパゴスウミイグアナ、ダーウィン・フィンチ、ガラパゴスマネシツグミ、海中で交尾をしているガラパゴスアオウミガメを観察することができました。

ダーウィン・フィンチは全長一三～一六センチのホオジロ科の鳥で、ダーウィンがガラパゴス滞在中にこの鳥を研究し、後の進化論を発表する裏付けとなったといわれている鳥です。最近の研究ではこの定説に疑問が提起され、新しい学説が提示されています。ですから、定説になっていることでも、「そうかなぁ」という姿勢で臨むことも大切なことだと思います。

一旦レジェンド号に戻り、午後はフロレアナ島コーモラント岬にウエット・ランディングで上陸しました。フラミンゴ、ガラパゴスヨウガントカゲ、ガラパゴスウミイグアナ、ダーウィン・フィンチ、ガラパゴスアシカ、ガラパゴスアオウミガメを観察することができました。海辺には多数のガラパゴスアオウミガメが産卵のため浜辺に近づき、波に打たれていました。

海岸の入り江で潜り、ガラパゴスアシカとともに泳ぐことができ、「ガラパゴス万歳」でした。

《ガラパゴス探索記②》エスパニョーラ島、サン・クリストバル島

一月十日、エスパニョーラ島のスアレス・ポイントにドライ・ランディングで上陸しました。

上＝ガラパゴスアシカ
下＝群れるガラパゴスリクイグアナ　1.10

この島は観察順路の道が険しい島ですが、鳥が多く、海鳥の生態をさまざまな視点から観察することができます。

上陸場には、ガラパゴスアシカ、ガラパゴスオットセイ、ガラパゴスウミイグアナ、ガラパゴスリクイグアナが足の踏み場もないほどいて歓迎してくれました。ヨウガントカゲも多く群れをなしています。一カ所に十数匹集まっている所もありました。これは、群れることによって個体の体温調整をしているのです。アオアシカツオドリ、マスクカツオドリ、ガラパゴスアホウドリ、ダーウィン・フィンチ、ガラパゴスノスリ、ガラパゴスマネシツグミなど種類も多く、順路のすぐ側で観察できます。マスクカツオドリが産後まもない真綿状のひなを抱いている様子や、体長五〇～五五センチ、広げた翼の長さが約一三〇～一三五センチのガラパゴスノスリがマネシツグミを襲撃した瞬間も目にしました。

圧巻だったのは、三羽のガラパゴスアオアシカツオドリの雄が雌一羽に求愛のポーズをとり、

アオアシカツオドリの求愛と交尾　1.10

そのうちの一羽が雌の前で踊り、羽根を広げ求愛のダンスを始めたことです。両足を交互に上げ、リズムをとっています。雌が受け入れの姿勢を示し、双方でダンスを始めました。求愛成立です。雄が雌の上になり、交尾が終わりました。その間、ほかの二羽の雄は傍観しています。五〇センチ近くで行われた求愛の様子です。別の場所では、アオアシカツオドリが四羽、円を作り何やら話し合っているかのような場面に出合いました。

一旦船に戻り、昼食後、サン・クリストバル島にドライ・ランディングで上陸しました。この島はガラパゴスの行政の中心地でもあり、バルトラ島と並びガラパゴス・クルーズの発着拠点となっています。この島のラ・ガラパグエラではガラパゴスゾウガメを五匹観察することができました。ガラパゴスゾウガメは、全長一〇〇～一五〇センチ、体重は最大で約二七〇キロあります。

かつてガラパゴスには十五種のゾウガメがいましたが、乱獲や移入動物による影響などで、現在では十一種になっています。

上＝ガラパゴス探索スタイル
下＝ガラパゴスゾウガメ
1.10

甲《こう》羅《ら》の形や体の大きさは、生息する島の環境の違いに適応するように進化してきました。世界に生息する大型のゾウガメは、十一月二十二日に訪れたセーシェル諸島の植物園で見たアルダブラゾウガメとガラパゴスゾウガメの二種類のみです。

《ガラパゴス探索記③》ノース・セイモア島

一月十一日、ノース・セイモア島にドライ・ランディングで上陸しました。ガラパゴス最後の観察になります。この島ではガラパゴスリクイグアナ、ガラパゴスウミイグアナ、ガラパゴスアシカ、ガラパゴスオットセイ、ガラパゴスアホウドリ、ガラパゴスアオアシカツオドリ、ガラパゴスアカアシカツオドリ、ガラパゴスオオグンカンドリ、ガラパゴスアメリカグンカンドリ、アカメカモメを観察することができました。

この島にも鳥が多く棲息していました。グンカンドリ科五種のうち二種が、ガラパゴス諸島

ガラパゴスオオグンカンドリ　1.11

に棲息しています。通常、ガラパゴスオオグンカンドリは外洋で、ガラパゴスアメリカグンカンドリは沿岸近くで餌を採っています。ガラパゴスオオグンカンドリの雄は、赤く目立つ喉袋を大きく膨らませて上空を舞う雌を誘います。この島では、赤い袋を大きく膨らましている雄を多く観察することができました。

ノース・セイモア島での探索を最後に、ガラパゴス探索も終わりました。ガラパゴス特有の固有種を多く観察することができました。

探索を通して、ガラパゴス諸島に棲息する生きものがいかに外部の生態系から長い間隔離されていた固有種か、それゆえにいかに貴重なものであるか、まさに、「地球遺産」といわれる所以《ゆえん》がわかる探索ツアーでした。

グアテマラ　世紀の不思議・マヤ遺跡

マヤの郷・グアテマラ

グアテマラは、面積約一〇・九万平方キロメートル（二〇〇五年）、人口一二六〇万人（二〇〇五年）で、中央アメリカに位置する国です。一八二一年、スペインから独立し、一八三八年にはグアテマラ共和国が建国されました。その後、一九六〇年に内戦が起きましたが、一九九六年に終結しました。現在は、二〇〇四年に就任したベルシェ大統領のもとに政治が行われています。

グアテマラの国土の大部分は山地からなっています。火山国で、富士山に似たトリマン火山（三一五八メートル）の麓には、世界一美しい湖といわれるアティトラン湖が（標高一五六二メートル）あります。

ティカルは、グアテマラの北部ペテン地方のジャングルの中に埋もれるように遺るマヤ文明の遺跡です。ティカルでは、紀元前一〇〇〇年代半ば頃の住居跡が確認されています。

三世紀の頃には、「失われた世界」の地域を中心に開発が進められましたが、これも六世紀頃に中断したものと考えられています。七世紀から「グラン・プラザ」を中心に高層ピラミッド神殿が建設されはじめ、八世紀には最盛期を迎え、巨大神殿をはじめ多くの建造物が建てられました。しかし、十世紀になると急速に衰退し、住民が去ったと考えられています。この衰退の原因については諸説あるものの、未だ確定された説がなく謎となっていて、「世界の不思議」の一つとなっています。

最近の研究では、①人口増とそれに伴う種族間の争い、食糧・農地確保のための森林伐採をし、それによって環境破壊が進んだ。②神殿建設時に漆喰《しっくい》を使い、人工の池を作り、それによる環境破壊が進み、豊かな森林地帯が乾燥地域に変化したことなどにより住民が去り、巨大神

上＝ティカルⅢ号神殿
下＝サウス・アクロポリス　1.12

殿・建造物群だけが遺り、その後ジャングルが復活、長い間にジャングルの中に埋没していった、という仮説が有力になっています。

これらの仮説も、究極は「水」の問題に行きつくようです。

その後、一六九五年にスペイン人宣教師アベシダーニョらによって偶然発見され、世の注目を浴びました。現在、ティカル遺跡は世界遺産に、自然遺産と文化遺産の両面から登録・認定されています。世界的に知られ、多くの人が訪れているグラン・プラザ地区は、マヤ文明の遺跡としては最大のものです。

ここ以外にも、バスとロバで行かなければならない未開の地に眠って、ほとんど未発掘の状態のエル・ミラドール遺跡があります。このエル・ミラドール遺跡の周りは深いジャングルに覆われています。そのほかにも、ナクム遺跡、ナランホ遺跡、ヤシャ遺跡、ワシャクトゥン遺跡など、多くの遺跡があります。また、マヤ文明の遺跡には、国境を越えたホンジュラスのコパン遺

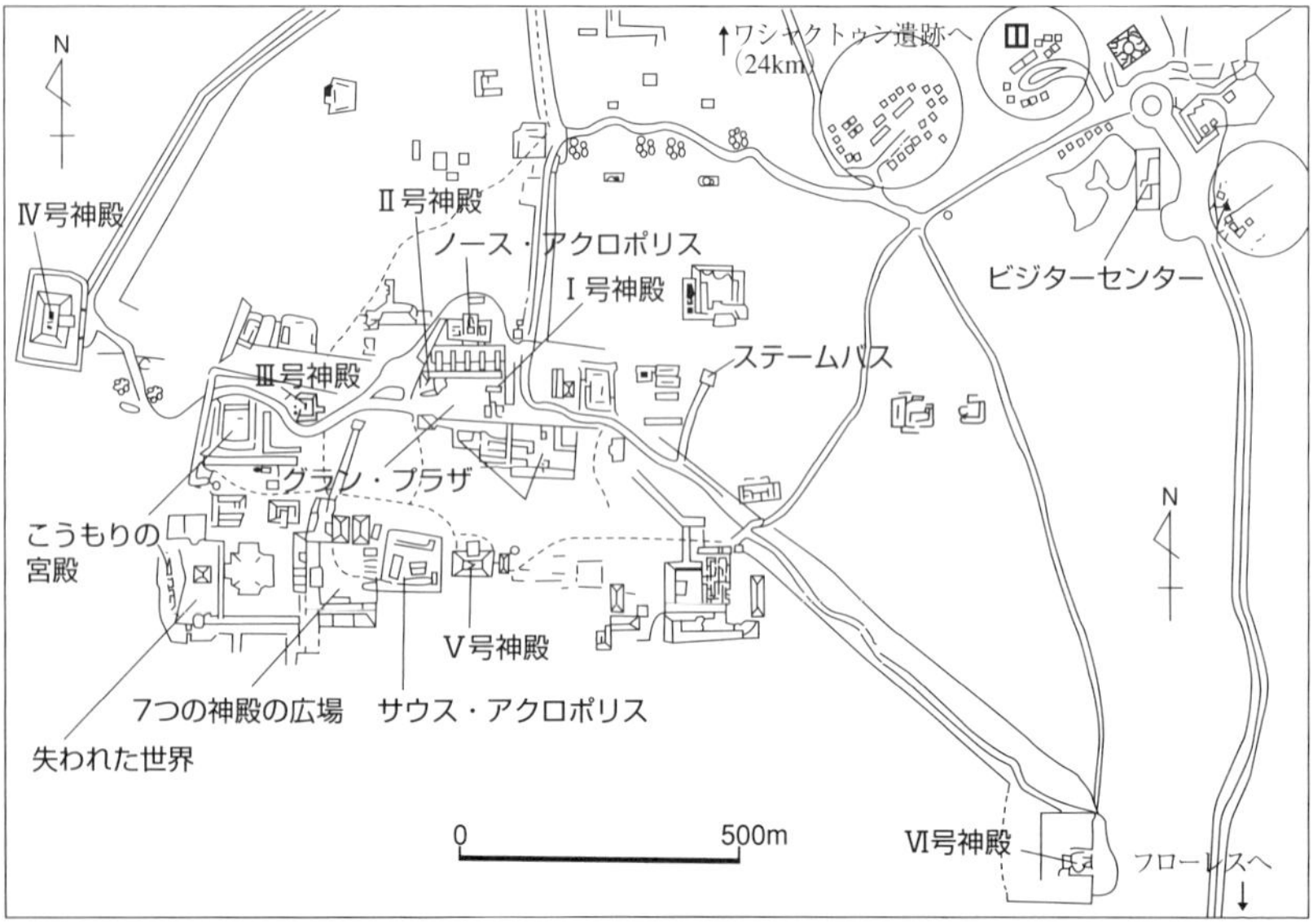

ティカル遺跡

跡があります。マヤ文明は広範にまたがっていたのです。

高さ七〇メートルのⅣ号神殿

一月十二日、エクアドルのグアヤケル空港を発ち、パナマ・シティー経由でグアテマラ・シティー空港へ向かいました。着後、市内観光をし、その日はグアテマラ・シティーのホテルに泊りました。

一月十三日、早朝にホテルを発ち、グアテマラ・シティー空港に向かいました。グアテマラ・シティー空港からは、典型的な成層火山のアグア火山（三七六六メートル）やフエゴ火山（三七六三メートル）、バカヤ火山（二五五〇メートル）が見えます。この空港から二機のチャーター機（ビーチクラフト機）で、ティカル遺跡探訪の基地フローレス空港に向かい、午前九時過ぎに着きました。到着早々、バ

ティカル遺跡・
I号神殿　1.12

スでティカル遺跡に向かい、午前十時過ぎに到着。いよいよティカル遺跡探訪です。

午前十一時過ぎ、ティカル遺跡のビジターセンターからジャングル地域の坂道を上り、汗だらだらの頃、まずはステームバス遺跡に着きました。その後、しばらく歩くと、突然目の前が開け、グラン・プラザの広場に出ます。この付近にはI号神殿、II号神殿、III号神殿、ノース・アクロポリス、セントラル・アクロポリスがあり、その周りにはV号神殿、七つの神殿の広場、「失われた世界」、こうもりの宮殿があります。

ティカルのシンボルであるI号神殿は、七〇〇年頃に造られ、頂上の神殿入り口にジャガーの彫刻があったことから、別名「ジャガーの神殿」ともいわれています。高さ五一メートルの威風堂々たるものです。西の階段は急勾配で現在は上ることができません。

このI号神殿と向かい合わせに立っているII号神殿は、高さ三八メートル、観光客用に木製の階段が作られているので上ることができますが、階段は急勾配で四五度はあると思われます。I号神殿とほぼ同時期に造られました。神殿の上部に顔の浮き彫り装飾があり、別名「仮面の神殿」ともいわれています。

ノース・アクロポリスの十六の神殿群の下には、百近い建

Ⅳ号神殿から見るⅠ・Ⅱ・Ⅲ号神殿　1.12

物が埋もれています。一番上部にあったものは九〇〇年頃に建てられた建造物で、最古のものは紀元前二〇〇年頃のものとされています。

マヤの遺跡では、古い遺跡を再建・増築している形態が多く見つかっています。これは古い建造物に新しく手を加えていくことで神殿の「神聖さ」と「力」をより増加させるという考え方によるものとされています。七つの神殿の広場一帯の建造物は、紀元前二〇〇年頃に建設されているため、建造物の損傷がひどく、樹木の根が絡みついています。きれいな芝生に覆われた広場にある二つのピラミッドは「失われた世界」といわれ、メキシコのティオティワカンの影響を受けていると考えられています。

Ⅲ号神殿は高さ五五メートルで、八一〇年に建造。神殿内部に精密な彫刻が施されていることから、別名「ジャガー神官の神殿」ともいわれています。この神殿は頂上より下は埋もれています。

グラン・プラザからしばらく行くと、Ⅳ号神殿に着きます。Ⅳ号神殿は七四三年に建造され、屋根飾りの頂上までの高さが約七〇メートルあり、メキシコのティオティワカン遺跡にある「太陽のピラミッド」と並び、その高さは比類ないものです。観光客用の木製の幅狭い急な階段を上るとテラス状の所があり、ここからの展望は絶景です。この階段では上りも下りも多くの観光客が列をなしていました。

見渡す限りのジャングルの中のⅠ・Ⅱ・Ⅲ号神殿。時々、鳥や吠え猿の鳴き声が聞こえます。このジャングルの中にも、埋もれたままの遺跡やカンボジアのアンコールワットの遺跡で見たように、未修復のままジャングルの植物によって破壊されているものも多いようです。これらの遺跡は建設当時はすべて漆喰で表面が固められ、真っ赤に塗られていたとのことです。想像するだけで楽しくなります。

グアテマラ・フローレスの町　1.14

研究者は、当時のエジプトのピラミッドが「公共工事」として位置付けられるのに対して、ティカルの場合、「税」として位置付けられると言っています。

これらティカル遺跡は、なぜこのように高層化しているのでしょうか。研究者は高層化の意味を「宇宙との対話」、「天空との会話」にあると見ています。つまりティカル遺跡は宇宙と対話を試みた文明と言えましょう。また、人間が神に近づくこと、「人間と神、人間と自然の融合」にあるとも言えます。アンコールワット遺跡やエジプトの巨石文化との類似点が多いものだと思いました。

一月十四日にはティカル遺跡近郊のフローレス島へ、十五日にはグアテ

グアテマラの旧市街・アンティグア　1.15

マラの旧市街で町全体が世界遺産になっているアンティグアの町を訪れ、ティカル遺跡探訪に終止符を打ちました。

ヨセミテ国立公園　地球の不思議

サンフランシスコからヨセミテ国立公園へ

サンフランシスコは、市域の面積一二一平方キロメートル、オークランド、サンノゼなど計九郡によるサンフランシスコ・ベイエリア都市圏の面積は八九〇〇平方キロメートルです。市域の人口約八〇万人（二〇〇六年）、都市圏では約七一七万人（二〇〇六年）。ロサンゼルスとともにカリフォルニア地方の経済・金融・工業の中心地で、近代的なビルが建ち並び、活気にあふれています。シリコンバレーやカリフォルニア大学バークレー校にも近く、コンピュータ系の企業も多く集まっています。

サンフランシスコからおよそ三〇〇キロ離れたシェラネバダ山脈の中央部に位置している所に、自然保護を目的とした世界遺産（自然遺産）のヨセミテ国立公園があります。公園敷地の広さは、およそ三〇〇〇平方キロメートルで、敷地内には無数の湖、延べ二六〇〇キロにわたる川、一三〇〇キロに及ぶハイキング・コースがあります。

ここには、ブラックベアやアライグマなどの哺乳類が約百種類、鳥類が二百種類以上棲息しています。また、セコイアの大木があることでも知られています。

観光客の多くは中央公園のヨセミテ渓谷に集中していますが、ビューポイントはたくさんあります。トンネル・ビュー、インスピレーション・ポイント、ヨセミテ滝、ブライダルベール滝、バーナル&ネバダ滝、グレシャー・ポイント、ハーフドーム、エルキャピタン、トゥオルム・ミドゥ、マリポサ・グローブ、テナヤ・レイク、ミラーレイクなど多彩です。

ヨセミテの顔——驚異の一枚岩・エルキャピタン

一月二十二日午前九時、アメリカ合衆国の入国審査官がトパーズ号に乗船し、八五〇人の乗客の入国審査が行われました。六人の審査官による個人面接入国審査です。航空機による出入国では当たり前のことですが、今回の船旅では珍しい方式です。昨今の世界情勢を反映しているのでしょう。

審査後、十二時半に集合、九十八名がバス三台に分乗し、まずはサンフランシスコ市内の観光です。車窓観光の後、ゴールデン・ゲート・ブリッジ、ツインピークスで下車し、観光です。

その後、ベイブリッジを通り、オークランドを抜け、ヨセミテへ向かいました。夕日も落ち、

トンネル・ビューにて

ヨセミテの顔・エルキャピタン　1.23

辺りがすっかり暗くなった九十九折の山道を上り、雪まじりの底冷えのヨセミテビューロッジに着いたのは、サンフランシスコを発ってから五時間後の午後七時半頃でした。周囲はすっかり暗くなって、雪まじりの厳しい寒さが身にしみるヨセミテでした。

翌二十三日、いよいよヨセミテ国立公園探訪です。まずは、トンネル・ビューへ。ここからは左にエルキャピタン、右にカセドラルロックスとブライダルペール滝、正面奥にはハーフドームが一望できます。幸いなことに、空は抜けるような濃紺色。主役は黄色、灰色の巨岩、冠雪、氷結した滝、わずかばかりの滝水で、ここは神々が創造した神秘の世界と言えます。

エルキャピタンは、ヨセミテの顔とも言うべき一〇九五メートルの垂直な一枚の岩壁です。ここはロッククライマーにとっての聖地。季節や状況によりますが、登攀《とはん》には七日間を要するとのことです。双眼鏡で見ましたが、登攀者は確認できませんでした。

エルキャピタンの西の絶壁には、春だけ現れ、夏にはセンチネル滝とともに消えてしまうリボン滝があります。別名「処女の涙」。この滝は四九二メートルで、ヨセミテ滝、センチネル滝、スノークリーク滝に続き、ヨ

ハーフドーム　1.23

セミテで四番目、世界では十番目の落差があります。

エルキャピタンの向かいにはカセドラルロックス、カセドラルスピアズ、リーニングタワーといわれる巨大な岩峰があります。この岩峰の脇から、ブライダルベールクリークの流れがブライダルベール滝となって落ちています。この滝は氷結していました。このブライダルベール滝を挟んで右にそびえたつ岩が、リーニングタワーといわれている岩峰です。カセドラルスピアズはブライダルベール滝の反対側にそびえる二本一対の岩峰です。その姿は、まるで槍の穂先のようです。

バスは進み、右側にセンチネルロック、センチネル滝を見、センチネル橋に着きました。ここからは、エルキャピタンとともにヨセミテのシンボル的存在の巨大な岩峰、ハーフドームが見えます。鏡のような川面に映る姿には、言葉もありません（グラビア15ページ参照）。そういえばハーフドーム直下には、ミラーレイクがあります。このハーフドームの向かいに丸いドームのノースドーム、バスケットドームがあります。このノースドームの下部の岩峰に虹状の模様がありますが、この模様はロイヤルアーチといわれています。その脇にそそり立つ岩峰がワシントンコラムです。

昼食後、ヨセミテ滝を見、滝の側まで散策をしました。ヨセミテ滝は落

上＝アワニーホテルから
見るワシントンコラム
下＝ヨセミテ滝　1.23

差七三九メートルで北半球で一番高く、世界でも三番目の落差を誇る滝です。ただこの滝は、アッパーフォール、カスケード、ロウアーフォールと三段になっていて、七三九メートルはその合計の高さを表しています。滝の水は流れていましたが、水量はわずかでした。夏から秋にかけて水量が減り、九月には枯渇してしまうといわれていますが、訪問した一月二十三日は、わずかなものでしたが滝の水が流れ、落下していました。

ここでは神々の創造による神秘の世界垣間見、サンフランシスコ港まで四時間の帰路につきました。トパーズ号に帰船時、もう辺りはすっかり暗くなっていました。

モアナルア・ガーデンの木　1.29

ハワイ・オアフ島　サークルアイランド・ツアー

一月二十九日午前五時過ぎ、船の揺れで目覚めると、船室の窓から対岸に灯りが輝いていていました。

トパーズ号は、ハワイのホノルル沖をゆっくりと進んでいます。海から見るホノルルの灯りは、今まで入港した港の灯りとは少し違って、心持ち華やかさを感じました。夜が明けるにつれてダイヤモンドヘッドが影絵のように見事なシルエットを描いて、刻々とその色を変えていきます。午前八時過ぎ、波高いホノルル港に入港しました。

出港は三十日の午後十時ですので、ハワイ滞在は二日間となります。一日目は、オアフ島のサークルアイランド・ツアーに出かけました。午前九時半にトパーズ号を下船し、バス二台で出発です。

まずは、モアナルア・ガーデンに行きました。ここの木は、日本のテレビ・コマーシャルに出てくる「この木なんの木、きになる木……」でおなじみのものです。一本の幹に支えられて半円形に近い枝葉を茂らせている姿には、「お見事」の一言のみです。個人の所有地とのことですが手入れがよく行き届き、見事に茂っています。ここのガーデン内には目立って大きいものが七、八本ありました。

バスはここから真珠湾を通り、ドール・プランテーションに向かいました。真珠湾付近を通る時、日本軍の侵攻の状況や日系人の処遇、アメリカの対応など、現地のガイドが詳しく話してくれました。

ドール・プランテーションでは、パイナップル畑や最盛期のパイナップルについて説明を受けました。その後、ノースショアへ。ここは世界のサーファーの憧れの地です。また、ザトウ鯨が群れをなして来ることでも知られています。毎年十一月下旬から十二月にかけて、北洋の海からおよそ五〇〇〇キロ離れた温かいハワイの海を目指して、ザトウ鯨の群れが南下してきます。温かい海で子を産み、育てるためです。鯨は四月頃までノースショアやマカプウの沖、マウイ島のラハイナ沖で見られるとのことです。豪快な潮吹きや、体長一三メートル、四〇トンもの巨体で宙返りをする（ブローチングといわれる）ハイジャンプをしたり、北洋の帰り旅に備えて、母鯨らが子育てをするのです。ホエール・ウオッチングは、ハワイ観光の目玉の一つになっています。

ドール・プランテーションのパイナップル畑　1.30

上＝タートル・ベイ・リゾート
下＝ワイキキ・ビーチ　1.30

ノースショアを後にして、ハワイ・ツアーでは欠かせないレイ・メーキングをし、バスはオアフ島東部へと向かいます。

ハロナ潮吹き岩です。荒波が岩に吹き寄せ、火山性の岩を浸食し、その隙間を波が洗うので、岩の隙間から瞬間的に海水が噴水状になって高く噴き上げるのです。まさに「潮噴き」です。ちょうどこの付近の海はザトウ鯨が群れをなして来る場所の一つなので、「潮噴き」は的確な表現のようです。

バスはその後、浸食された海岸線、白浜、荒海と景観を変え、ダイヤモンドヘッドへ向かいます。ダイヤモンドヘッドは火山でカルデラを造っています。バスはそのカルデラの火口原に進みます。周りは外輪山です。頂上展望所までは約四十分の歩きですが、頂上からはワイキキの浜をはじめオアフ島の要所が一望できます。

この日は、船内アトラクションの一つであるビンゴで最高賞が当たり、その賞品がワイキキの高級ホテル「シェルトン・モアナ・サーフライダー・ホテル」にペアで一泊ご招待というものでした。

全くラッキーでした。翌三十日は、友人ら六人とリムジンによる観光をしました。ハワイでの二日間は、一般的なおのぼりさん的観光に徹しました。

太平洋の航行

世界最大の海・太平洋

太平洋の面積は約一億一二四八万平方キロメートルで、地球の五大洋、すなわち太平洋、大西洋、インド洋、北極海、南極海の中で最大の海洋です。この名称は、探検家フェルディナンド・マゼランが、一五二〇～二一年に世界一周の航海でマゼラン海峡を抜け、太平洋に入った時、大西洋に比べて波が穏やかだったことに由来するものです。

ユーラシア大陸、オーストラリア大陸、南極大陸、北極、アメリカ大陸に囲まれた位置にあります。縁海としてベーリング海、オホーツク海、日本海、黄海、フィリピン海、東シナ海、南シナ海、セレベス海、ジャワ海、フロレス海、バンダ海、アラフラ海、サンゴ海、タスマン海があります。ここには北赤道海流、黒潮（日本海流）、北太平洋海流、アラスカ海流、親潮

（千島海流）、カリフォルニア海流、赤道反流、南赤道海流、東オーストラリア海流、ペルー（フンボルト）海流が流れています。平均水深は約四〇〇〇メートルで、最深部は長い間、マリアナ海溝のビチアス海淵で、一万一〇三四メートルであるとされていましたが、最近の測定ではマリアナ海溝・レンジャー海淵の一万〇九二〇メートルとされています。

グアテマラのプエルトケッツァル港からサンフランシスコ港へ

一月十五日の午後十時、グアテマラのプエルトケッツァル港を出港したトパーズ号は、進路を北西に太平洋を航行、途中、メキシコのマサンジ港で給油のため一時寄港をしました。

この航路は、カリフォルニア海流が流れ、鯨が子育てのためカリフォルニア湾に入るルートにもなっており、そのため多くの人がデッキに出て、連日ホエール・ウオッチングをしていますが、なかなか鯨には出合えません。

十八日には、水平線上に霞《かすみ》か霧状のカーテンがかかったようになり、いつもは明確な水平線がベールに覆われていました（グラビア13ページ参照）。海水の温度と大気の温度の違いが生み出す現象なのでしょうか。十九日の正午には、北緯二二度三七分の位置にまで北上、気温十九度、水温二二度、風は北西の風二五ノット、波二四〇～三六〇センチ、霧雨の状況です。

二十日午前七時四十分頃、乗客五、六名が右舷で鯨を見たとのことです。四～五頭が潮を吹

サンフランシスコ・ベイブリッジのサンライズ　1.22

いたり腹を見せたり、最後にはしっぽを上げたとのことで、船内での話題しきりでした。

二十一日、朝から風が強く、寒さも一段と厳しくなってきました。早朝六時からの太極拳・体操も船上後方デッキではままならず、七階の室内で行われました。

今日はホエール・ウオッチングを真面目にしようと、荒れと寒さの前方デッキに出ました。海は群青《ぐんじょう》色で白波が立っていますが、空の頂点はどこまでも青く澄んでいます。丸い水平線との境はいぶし銀色から乳白色に変わっていきます。海の色は七変化、空の色も七変化、海と空の境もこれまた七変化の世界です。

午前八時五分、右舷前方十二時の方向にかすかに鯨の潮が噴き立っているのが見えました。一瞬のことでしたが数人で確認しました。間違いないと思います。でも鯨本体ではありません。九時三十分には右舷五時方向にまたまた、かなりの潮が立っているのが見えました。しかし、今回も残念ながら鯨本体ではないのです。でも、想像をたくましくするには充分でした。

二十二日午前六時過ぎ、トパーズ号はサンフランシスコのゴールデン・ゲート・ブリッジを抜け、八時頃港に入りました。港内ではアシカが顔を出して歓迎していました。

サンフランシスコ港からハワイ・ホノルル港へ

トパーズ号は、二十三日午後十時過ぎにサンフランシスコ港を出港し、午後十時四十分、ゴールデン・ゲート・ブリッジを通過、一路、進路をハワイに向けて航行を始めました。

二十四日の午前八時過ぎから九時にかけて左舷側にはイルカが並走し、ジャンプし、踊っています。

二十四日から二十五日にかけて船は大きく揺れはじめました。恒例の午前六時からの太極拳・体操は揺れの中で大変でした。エレベーターはストップ状態です。午前八時過ぎ、後方デッキに辛うじて出ることができましたが、横波の大きさに驚きました。でも不思議なことに、正午の記録では波の大きさは二四〇～三六〇センチです。風は北西の風二六ノットと強く、波の高さだけでなく、海流、風速、波形、船のスピード・進行方向などによって揺れは異なってくるのでしょう。

二十五日、船は揺れています。朝の空は三六〇度、曇天で厚い雲に覆われています。雲といえば、雲ももとをただせば「水」なのです。大海にばかり目が移りがちですが、刻々と顔を変えていく雲も見飽きるものではありません。

二十六日、二十七日は揺れがひどく、波の高さは目測で一〇メートルはありました。この海域はカリフォルニア海流、赤道反流、北赤道海流、北太平洋海流が交差する所で、風が強ければ、波高、うねりも大きくなるのでしょう。

二十八日午前七時過ぎ、右舷デッキ後方に鯨の潮噴きを見ました。いよいよハワイも近くなり、船内ではホエール・ウオッチング気分が高まりましたが、八時半頃から雨になり、海上は五里霧中の状態になりました。

上＝太平洋の醍醐味・高さ12メートルの波
下＝荒天に船上で羽を休める海鳥　1.31

ハワイ・ホノルル港から横浜へ

一月三十日、トパーズ号はハワイのワイキキ港を午後十時に出港しました。出港後、船の揺れが大きくなりました。三十一日の船内掲示航海記録では、位置北緯二一度四〇分、西経一六一度三〇分、船のスピード一五・七ノット、水深四五五六メートル、気温二十六度、風速南西の風三六ノット、気圧一〇〇七ヘクトパスカル、波六～一二メートルとなっています。長さ一九五メートルのトパーズ号が大きくローリング、ピッチングを繰り返します。船内ではエレベーターがストップし、オープンデッキが閉じられ、船室はギシギシと微妙な気味悪い音を出しています。波高は一二メートルとのことですが、もっと高い感じがしました。船内では船酔いの人がたくさん出ています。でも、この波こそが太平洋の醍醐味《だいごみ》と言う人もいます。

二月一日、朝には風も幾分収まり、大きな波は少し和らぎました。はるか彼方に太平洋上では珍しく船影を見ました。二日、三日は比較的揺れも少なく、出国の荷物整理の見通しを立てたり、友と歓談をしたりの日でした。二日、日付変更線（子午線）を通過し、東経の世界に入りました。三日は「消滅日」となりました。

月はやけに明るく、雲、海を照らしていました。地図で見たことはありましたが、外洋船に乗って日付変更線を越えたのは初めてのことです。この日付変更線の最も東には、キリバス共和国があります。この国は東西に広がる島々からなり、この国の中を日付変更線が通っているため、一九九五年にこの国の東半分は西半分に時間帯を合わせたのです。キリバス共和国は、世界で一番夜明けが早い国なのです。

水平線を終日眺めていると、次々と想いが湧いてきます。

人は水にはぐくまれ、太陽を仰ぎ、
太陽と大空と水の恵みで地にはぐくまれる。
水平線をただ眺めることは、シュールレアリズムの世界。
無限の連想の世界。飽きない時間、飽きない連想の世界。

横浜ベイ・ブリッジ　2.10

　五日は、うねりは大きいものの快晴で、紺碧というより表現し難い色の海。丸い水平線、はるか彼方に東に向かうコンテナ線の船影を見ました。夜半から船は大揺れになり、六日は揺れに目を覚まされました。うねりが大きく、船は大きく揺れ、船室はミシミシときしんでいます。

　本日正午の位置は南鳥島《みなみとりしま》の北東の北緯二七度四一分、東経一六一度五八分、計測上の波は三・六〜六メートルですが、ピッチング、ローリングが続いています。

　この付近の海域は波が大きいことで知られています。それはこの海域付近の太平洋の北西部、アリューシャン列島の近くで低気圧が多発するからです。この付近で低気圧が発達すると、波を遮る陸地がないため、小さな波がまとまり大きなうねりとなってくるからです。

　七日、波は比較的穏やかです。八日は雨の後、快晴、雲一つない快晴、風速北北西の風三〇ノット、波一・五〜二・四メートル、波形とうねりと船のスピードの関係からか、揺れは大きいようです。

　九日、午前中は比較的穏やかでしたが、正午頃から偏西風の影響を受け、風が強く、波は高くなってきました。正午の掲示では、位置北緯三二度五二分、東経一四二度二五分、気温十九度、水温十九度、水深六〇〇〇メートル、風速西よりの風三八ノット、波一・五～二・四メートルです。いつものようにオープンデッキから海を眺めていますと、しぶきが船の最上階まで吹き上げてきます。午後三時過ぎには風、波ともに穏やかになり、太陽も、時折顔を出すようになりました。

突然、轟音が鳴り響きました。日本の航空自衛隊のファントムです。右舷から左舷上空に急上昇をしています。訓練なのでしょうか、領海に対する防空認識でしょうか。横浜港までは二二二海里ありますが、感覚的には日本はもう間近なようです。

十日、午前六時頃には遠くに灯りが点滅しています。日本です。帰ってきました。午前七時過ぎ、横浜ベイ・ブリッジを越え、八時過ぎに横浜港に着岸しました。感無量です。

エピローグ

アマゾン川航行中のトパーズ号　12.31

多種多彩な自主企画

ピースボートの船内でそれぞれの人がどのように過ごすのか、それは全く個々人の意思に任されています。法令や社会規範に大きく触れること以外、船内生活は自由なのです。

船内生活を意義深いものにするため多くの「場」やプログラムが用意されています。「学ぶ場」、「自主企画の場」、「心身のリラックスができる場」、「世代を超えたふれあいができる場」などです。このうち、誰もが企画でき、誰もが参加でき、誰もが主役になれる場として、「自主企画」があります。

自主企画は、それぞれの人が持っている趣味や特技を活かすテーマを決め、内容・方法などにアイデアを出し、自分で企画し、賛同する人々を募り活動するものです。

横浜港を出港してから二週間目十一月十七日の船内新聞「ニライカナイ」第十六号掲載の中から、自主企画の一部を紹介します。

デッキで語らいをするピースボート村の人々　12.1

最も収容力が多い七階後方のブロードウェーでは、シニアのための元気アップ体操、ピー船合唱団練習会、SALSA CLUB 55、洋上大運動会・春生まれ集まれ、ピースバンド、GO！GO！夜のボクササイズが用意されています。七階中央のウインジャーマルでは、シャルウィダンス初級、みんなで楽しく踊ろうヨサコイ&民謡、シニアバンド、各組応援練習会が、七階後方シアターでは、今日の野鳥－ひばり、般若心経読経会、琉球の風・三線、シャルウィダンス・レッツgogo中級、歌って踊る楽しいインド・ミュージック、卓球クラブが用意されています。これらほかに七階のアゴラ・フリースペース、あんフリースペース、八階前方スポーツ・バー、八階前方スポーツ・デッキ、ジム横のT-CLUB、九階後方の屋上デッキなどを使って、この日の自主企画の予定数は五十五に上っています。

ここでは若者もシニア世代も、積極的に熱心に取り組み、お互いの交流も深まっています。第五十五回ピースボートでの自主企画は、一〇一日間で総数三六七企画・実践が行われました。

屋上プール横のジャグジーでの筆者（インド洋上）　11.29

シュールレアリズムの世界にひたる人々

船内生活はマイペースで過ごすことができます。自主企画に参加するもよし、ダンスに興じるもよし、ネイティブの講師のもとに実践的な英語を学ぶ「グローバル・トレーニング（GET）」に参加し英会話力をつけるのもよし、世界の諸問題について考え、どう対処していけばよいのかを探る講座「地球大学」に出るもよし、また、何もしないのもよしなのです。

早朝から黙々と船内の屋上デッキ・通路（歩きコース）でウォーキングに精を出している人々、万歩計で計測し一日三万三〇〇〇歩歩いたという人、船内の歩きコースを八十八周回った人、プールデッキで終日沈思黙考・日光浴をし、真っ黒い肌をつくっている人、読書をしている人、プールが使用可能な日に黙々と泳いでいる人、ゴルフのパターーを振っている人、オカリナを吹いている人、お酒・タバコをたしなみ、いつもデッキに出て笑顔を絶やさない人、企業戦士として世界を縦横にかけめぐり、定年後トパーズ号に乗船し、終日デッキから海を眺めている人と、それぞれです。

丸い水平線をただ静かに眺めていると、己を無にし、想いが次々と湧いてきます。

船内で土産を売るエジプト商人　12.7

自主企画が、現実的な日々を生きる具体的な処方と文化活動であるとすれば、ただひたすら海を見、眺めていることとは、シュールレアリズムの世界に己を没頭させることと言えます。大自然・大海原《おおうなばら》に身をゆだねる時間が持てることとは、最高の贅沢なのです。

でも、それを見た誰かが言っていたようです。「あの人たちは、ただ海を見るばかりで、ひまな人たち。肌の色は真っ黒になり、肝臓でも悪くなっているのではないか」と。

おもしろい解釈です。朝な夕なに水平線に昇る太陽、沈む太陽は、大自然の神秘そのものです。船旅でしか味わうことができないのもまさにこのようなことなのです。

人はとかく自分の尺度・自分流でものを見、捉えていきます。それはそれでよしとしなければならないでしょう。しかし、人はそれぞれ、見方・考え方・生き方が異なっているのです。先に、自分流の見方をしながらも、時には「めがね」をかけ直して見ていくことは必要なこと、と述べましたが、海をただ見ている例は例として、特に我が国と風俗・習慣・文化・歴史や社会の仕組みが異なるほかの国の理解では、より大切なことでしょう。

頼りになる乗船の若者たち

およそ八五〇人の乗船者の内、四割程度が若者だと聞いています。この若者たちのうちの多くは、船内で行われる自主企画を立ち上げたり、運営したり、日夜頑張っていました。

ピースボートの実際の運営やオプション・ツアーなど、最前線で頑張っているのは船内の若者たちです。船内洋上運動会の企画・推進・運営、新聞局で新聞作りのための取材・編集、バスケット、バレー、サッカーなど球技大会の企画・広報・運営、音楽祭の楽器演奏、エイズ撲滅のための活動の企画作り参画と、さまざまな分野で活動しています。

船内で行われている「地球大学」に参加、世界で起こっている解決すべきさまざまな問題について学び、現地で交流し、今後の活動の糧《かて》にしたいという若者、医学部在籍の大学生で、医学と医療の間に立って自己を振り返りたいとの思いから乗船した若者、消防士の仕事が内定し、将来は国際消防救助隊として働きたいので世界の状況の一端を知りたいという若者、施設で働いていたがもっと多くの人々のためになりたいとの思いから乗船を決め、ピースボート・センターでアシスタントとして働き乗船した若者、興味を持っている自然食品関係で寄港地での交流を願っている若者、過去二十数種もの仕事を経験し、二十五歳で二つの会社を立ち上げ経営していたが、一回リセットし、グローバルな視点で物事を捉え直してみたいという動機から乗船した若者と、枚挙にいとまがありません。

　特筆すべきことは、海外生活が長く、英語、スペイン語などに堪能で、国際問題にも関心と造詣《ぞうけい》が深く、オプション・ツアーでの通訳や寄港地での交流に道を切り開いていくことなど、国境を越えて活躍している若きコミュニケーション・コーディネーター（C・C）の存在です。

　これらの若者に共通しているのは、夢と希望と理想を持ち、自分の進む道を真摯《しんし》に模索し、未来を信じ、自分の幸せのみならずほかの人々の幸せをも願い、そのために視野を広げ、学び、実践しようとしていることです。

　彼らに接し、その真摯な姿を見ることができたのは、望外の成果でした。

ほかの人の幸せのために一生を捧げている人たち

　今国内では、政治、社会、文化など、多くの解決すべき問題が広範に山積しているのではないでしょうか。とりわけ、教育の荒廃には目を覆うものがあります。学識経験者、文化人、多くの市民はその原因を、学校教育とりわけ教師の質の低下に向けているきらいがあります。また、家庭教育の在り方を指摘する人たちもいます。

さまざまな見方や考え方を否定するつもりはありません。皆それぞれの立場から事の解決や改善を真摯に考えて、なんとかしなければと取り組んでいるからです。

筆者は、難しい教育問題の根底には大人の社会規範の崩壊が大きな要因になっていると思っています。大地が病んでいれば、そこに豊かな実りは保証されないはずです。残念ながら、今の荒廃気味の問題に対していくつかの改善策を見出しても、その有効性については難しいものがあると思います。

責められるべきは、問題と思われる行動でサインを出している子らや若者たちではなく、一見成熟していると思われる大人たちだと思っています。しかし、これとて過去の教育の結果なのでしょう。大切なのは、大人たちが己の社会規範を見直し、己を知り、生きる意義を問い直すことだと思っています。

それとともに、大地が病んでいても見事に咲く草花があるということです。未来のある若者には、今の荒廃に埋もれることなく、甘えることなく、己の生きる意味を問い、意義ある生を送ってほしいものです。

今回の船旅では、「自分のためにだけ生きるのではなく、他のためにも生きている」多くの

カナイマ国立公園からベネズエラのカラカスに向かう機中　1.6

船長主催のグリーク・ナイトにて　12.9

「水先案内人」（いわゆる「講師」）たちがいることも知りました。彼らの生き方、行動の根底には、自分なりの世界観、哲学、思想・イデオロギーがあり、それが原動力になっていることと思います。その中から数名を紹介します。

小学校教諭を退職し、ベトナムのフエ市に渡り、ストリート・チルドレン支援活動のため、「フエの子どもの家」を設立、支援活動に取り組んでいる人。アジア、ヨーロッパ、アフリカ各国を旅行した後、ケニアのナイロビに定住、ナイロビ最大のスラム・キベラでストリート・チルドレンのための学校建設・運営をし、またスラム住民の生活向上に尽力している人。インド、タイ、カンボジアで、ストリート・チルドレンやＨＩＶ孤児のためのボランティア活動に尽力している人。環境運動、有機農業運動、フェアトレードなどに取り組み、スロー・ビジネススクールやナマケモノ倶楽部を立ち上げた人など。

これら計二十六人が寄港地から乗船し、一定期間、問題提起・講師を務めていました。これらの人々の活動の一端を知ったのも、望外のことでした。

旅のまとめ

一〇一日間にわたるトパーズ号での地球一周の船旅は終わりました。

オプション・ツアーのため、ベトナムのダナンからシンガポールまで、ブラジルのベレンからベネズエラのラグアイラまで、ラグアイラからパナマ運河を経由してグアテマラのプエルトケッツァルまで、トパーズ号を離れたことについては、事前にわかっていたこととはいえ、心残りがあります。

特に、目玉の一つであるパナマ運河通航を断念せざるを得なかったのは、かえすがえすも残念なことでした。二つの選択肢から自分で選び、決定したことであり、二兎を追うことはできないのです。わかっているのですが、残念なことには変わりありません。

また、船旅中に元ゼミ生で現職教員の結婚披露宴（二月十一日、青森県八戸市）の案内を受け、急遽参列するため、神戸港での下船予定を変更し、横浜港で下船し、八戸市に向わなければならなかったことも、「神戸港から神戸港へ」という地球一周の観点から言えば、心残りではありました。

ともかく、〝水球〟一周の船旅は終わりました。

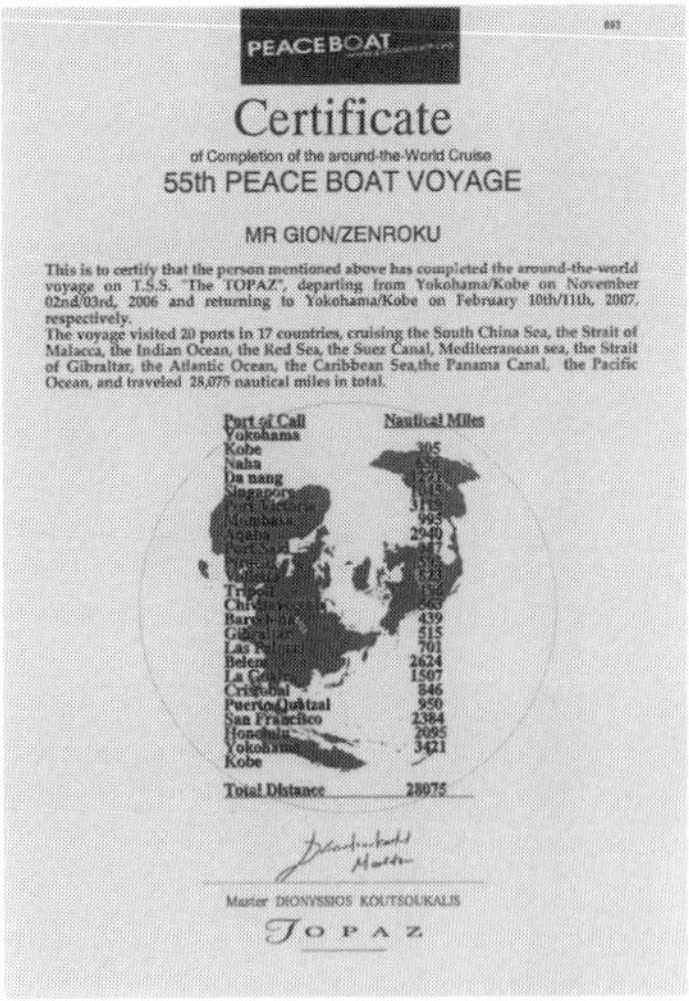
PEACEBOAT

Certificate

of Completion of the around-the-World Cruise

55th PEACE BOAT VOYAGE

MR GION/ZENROKU

This is to certify that the person mentioned above has completed the around-the-world voyage on T.S.S. "The TOPAZ", departing from Yokohama/Kobe on November 02nd/03rd, 2006 and returning to Yokohama/Kobe on February 10th/11th, 2007, respectively.
The voyage visited 20 ports in 17 countries, cruising the South China Sea, the Strait of Malacca, the Indian Ocean, the Red Sea, the Suez Canal, Mediterranean sea, the Strait of Gibraltar, the Atlantic Ocean, the Caribbean Sea,the Panama Canal, the Pacific Ocean, and traveled 28,075 nautical miles in total.

Port of Call	Nautical Miles
Yokohama	
Kobe	305
Naha	636
Da nang	[illegible]
Singapore	[illegible]
Port Victoria	[illegible]
Mombasa	995
Aqaba	2940
[illegible]	[illegible]
[illegible]	[illegible]
[illegible]	[illegible]
Tripoli	[illegible]
[illegible]	[illegible]
[illegible]	439
[illegible]	515
Las Palmas	701
Belem	2624
La Guaira	1507
Cristobal	846
Puerto Quetzal	950
San Francisco	2384
Honolulu	2095
Yokohama	3421
Kobe	
Total Distance	28075

Master DIONYSSIOS KOUTSOUKALIS

TOPAZ

船長のサインが入っている地球一周の証明書

船旅を終わってみて、「地球＝水球」はたかだか百日間程度で一周できるほどのもので、「地球＝水球」世界は決して大きくないという実感を得ました。それでも、ここにしか人類は生存できないことを思うと、この大きくない「地球＝水球」をいたわり、大切にしなければならないと思いました。また、以下のことも感じました。

①人類の英知・歴史の重み・自然の驚異をいかんなく開陳している世界遺産の一端に接し、畏敬の念と驚異と人間は信じるに足りるということを感じることができました。それとともに、世界で起こってきたこと、今起こっている人類の愚行にも、少しばかりですが目を向けることができました。

②アンコールワット遺跡、ペトラ遺跡、レプティス・マグナの古代ローマ遺跡、ティカル遺跡など、今回訪ねた世界遺産の多くは、いわば「石の文化」と言えます。それに対して、我が国の文化遺跡（特に建造物）が「木の遺産」であることを改めて実感することができました。

③世界にはさまざまな人々が日本人の日常と大きく異なる環境・状態で日々「生きている」ことに接し、「幸せ」、「生きる」とはなんなのかを自問することも、ささやかな

がらできました。日本一国エゴイズムが顔を出しすぎているのではないか、などについても自問することができました。

④世界の各地域には地域固有の風俗・習慣・文化・歴史、社会体制などがあり、それらの特色をそれぞれの地域の固有性に即して見、考えることをしないで、日本人としての目線でしかものを見、考えていないのではないかということに改めて気づきました。自分中心的な思考は必要なことですが、時にはそのこと自体を問い直してみることも大切なことだと思いました。

⑤また、日本人の感覚、概念でしかものを見、考えることができていないのではないかとも思いました。例えば、「川」の概念、「湖」の概念、「鉱山」の概念、「都市・街・町」の概念など、枚挙にいとまがないくらいです。言葉の持つ意味、概念に縛られたステレオタイプの見方がこびりついているのではないかと思いました。

⑥世界の一隅で、その地で社会的に弱い立場に置かれている人々のために一身を捧げている日本人が意外に多いことを改めて知りました。また、船に乗っている多くの若者が何がしかの思想を背景に、夢や希望、理想を持ち、未来社会建設のために活動していることも知りました。若いうちは物事に真正面から取り組んでいくことが大切なことだと思います。

それに比して、戦中・戦後を生き抜いてきて、それ故に大切にしなければならないシニア世代の生きる力とたくましさに脱帽するとともに、その負の部分、即ち我の強さやこだわり、独りよがり、強固なエゴイズムに節々で直面してきたことも予想外のことでした。

「今の若者たちは」と、とやかくいう言葉は慎まなくてはならないのかとも思いました。

費用対効果ということが言われます。支払った金額は筆者の財力からすると相当なものでしたが、得ることの大きい船旅でもありました。

船中で交友を持つことができた一人ひとりのことは、今後胸中に深く刻まれていくことと思います。互いに心が通じ合うということは、決して過ごした時間の長さによるのではなく、人としての在り方、言葉では説明し難い人間性に支えられているのではないかと思います。

接していただいたピースボートの友のご厚誼に、深い感謝の念を覚えます。

【資料】ピースボート・世界一周の概要

■ピースボートの趣旨・特色

ピースボートは、アジアをはじめ地球の各地を訪れて、各地の人々と交流し、国と国との利害関係とは異なった地球市民のネットワーク創りをしている非営利の国際交流団体（ＮＧＯ）です。

ＮＧＯとは、「非政府組織」という民間人や民間団体が作る機構のことで、ここでは人権、環境、飢餓、軍縮問題や開発援助、学術振興などに取り組んでいます。現在、国内組織、国際組織など、およそ六万組織が動いているといわれています。この「地球一周船旅」は、ピースボートが企画・立案・組織をし、登録旅行業社の株式会社「ジャパングレイス」が旅行業務を担当し、パナマ船籍のトパーズ号をチャーターして運営しているものです。

ピースボートが目指すものは、世界中のＮＧＯや市民、学生、子どもたちと交流をしながら、国と国との利害関係とは異なるつながりを創っていくことにあります。そのために船内をはじめ、国内で、世界の各寄港地で交流し、共に語り、共に考え、実践していくことが大切になってきます。そして世界のうちにあるさまざまな解決すべき問題や矛盾をときほぐしながら、新しい時代・地球を創っていく「力」を育んでいくことを目指しています。主旨を活かす「気軽に学ぶ楽しみの場」、「誰もが主役になれる場」、「心身がリラックスできる場」、「世代を超えた交流の場」が用意されているのです。それらが具体的な形になっているのが、例えば、自主企画、「地球大学」、「水先案内による問題提起・講座」、「GET − Global English Training」や独自の国際協力プロジェクトなのです。

■日程・コース

第五十五回の日程・コースは次のようです。〈 〉はオプション・ツアーです。＊印はオーバーランド・ツアー、○印は寄港地プログラム、短期ツアーを表しています。パナマ運河通航時は乗船していません。

11月　2日　横浜
　　　3日　神戸（乗船）
　　　4日　クルージング
　　　5日　那覇〈○南部戦跡巡り〉

6〜8日　クルージング
9・10日　ベトナム・ダナン〈○9日　ストリートチルドレンのプログラム訪問〉
11・12日　クルージング〈＊10〜13日　カンボジアのアンコールワット探訪〉
13・14日　シンガポール
15〜21日　インド洋クルージング
22日　セーシェル諸島のポートビクトリア〈＊マヘ島一日巡り〉
23・24日　クルージング
25・26日　ケニアのモンバサ〈○ケニアのマサイマラ国立保護区でゲームドライブ〉
27日〜
12月
3日　インド洋・紅海クルージング
4・5日　ヨルダンのアカバ〈＊4・5日　ワディラムとペトラ遺跡探訪〉
6日　クルージング
7・8日　スエズ運河を通過してエジプトへ〈○8日　ギザのピラミッドと博物館探訪〉
9日　地中海クルージング
10日　ギリシアのピレウス〈○ギリシアのアテネ散策〉

11日　地中海クルージング
12日　マルタのバレッタ〈○マルタで学ぶ人権と平和の交流に参加〉
13日　リビアのトリポリ〈○レプティス・マグナの古代ローマ遺跡探訪〉
14日　地中海クルージング
15・16日　イタリアのチビタベッキア〈○イタリアのフィレンツェ散策〉
17日　地中海クルージング
18日　スペインのバルセロナ〈○ガウディとバルセロナ市内巡りとフラメンコ鑑賞〉
19日　地中海クルージング
20日　ジブラルタル〈○ジブラルタル観光と白い壁の村（スペインのカサレス村）散策〉
21・22日　大西洋クルージング
23日　カナリア諸島のラス・パルマス〈○グランカナリア島巡り〉
24～30日　大西洋クルージング
31日～
1月
1日　ブラジルのベレン〈＊1～6日　アマゾンの都市・マナオスとギアナ高地六

日間ツアー〉

2〜5日　大西洋クルージング

6・7日　ベネズエラのラグアイラ〈＊7〜15日　ガラパゴス・クルーズ&ティカル遺跡探訪〉

8・9日　大西洋クルージング

10・11日　パナマのクリストバル、パナマ運河通航

12・13日　大西洋クルージング

14・15日　グアテマラのプエルトケッツァル

16〜21日　太平洋クルージング

22・23日　アメリカのサンフランシスコ〈＊22・23日　ヨセミテ国立公園散策〉

24〜28日　太平洋クルージング

29・30日　ハワイのホノルル〈○29・30日　オアフ島サークル・アイランド・ツアー〉

31日〜

2月

9日　太平洋クルージング

10日　横浜（下船）

11日　神戸

■トパーズ号について

トパーズ号は、一九五五年イギリスで建造されました。建造時、エリザベス女王自身の手で支綱が切られ進水し、その名も「英国の女王」（エンプレス・オブ・ブリテン）号と命名されました。一九六〇年代からヨーロッパ（ロンドン）とアメリカ（ニューヨーク）を結ぶ大西洋航路の花形として活躍してきた、由緒ある豪華客船です。一九九四年に全面改装が行われ、伝統の中に新しさを随所に加えた客船であることが特色といわれています。

現在は、世界にただ一つの木製の外洋蒸気船として貴重な船です。ブリッジ見学をしましたが、この船には航海に不可欠な新しい機器が取り入れられていますし、至る所に高級木材のマホガニーがふんだんに使われ、いぶし銀のような重厚さを感じました。ただ、少し波が高くなると、さすがに客室内がギシギシときしむことがありました。最近の新しいもの好きの人々は、どのように感じることでしょうか。

〈トパーズ号プロフィール〉

船　名＝トパーズ（TSS The TOPAZ）

船　籍＝パナマ

総トン数＝三一五〇〇トン

全　長＝一九五メートル
全　幅＝二七メートル
喫　水＝九メートル
航行速度＝最高二一ノット
デッキ数＝九階
乗客定員＝一四八七人
船　級＝ロイド船級協会
＊横揺れ防止装置完備

■費　用

ピースボート参加費用には幅があります。多くの段階がありますので、それぞれの目的により、選ぶことができます。第五十五回の場合、例えば次のようなものがありました。

フレンドリータイプは、ヤングクラス＝二段ベットで定員四名、窓なし、シャワー・トイレ付き三Fフロアーの場合、一人一四八万円（一三八万円）。ステートクラス＝二段ベットで定員四名、窓・シャワー・トイレ付き四〜六Fフロアーの場合、一七八万円（一四八万円）。

シングルタイプは、エコノミークラス＝シングルベット定員一名、窓なし、シャワー・トイレ付き、三・四Ｆフロアーの場合、二三〇万円（一九五万円）。サンライズクラス＝ダブルベット定員一名、窓・シャワー・トイレ付き、六Ｆフロアーの場合、三八〇万円（三五〇万円）。ファミリータイプ（十三歳未満の子、一室分代金）は、インサイドクラス（二段－下段セミダブル）＝定員二名、窓なし、シャワー・トイレ付き、四Ｆフロアーの場合、二三〇万円（二一〇万円）。アウトサイドクラス＝セミダブルベッド＋シングルベッド、定員三名、窓・シャワー・トイレ付き、四Ｆフロアーの場合、三二〇万円（三〇〇万円）。ペアタイプ（大人二人分代金）は、エコノミークラス＝ツインベット、定員二名、窓なし、シャワー・トイレ付き、四・五Ｆフロアーの場合、三八〇万円（三二〇万円）。パシフィッククラス＝ツインベット、定員二名、窓・バス・トイレ付き、六Ｆフロアーの場合、六九〇万円（六五〇万円）。

＊（）内の数字は、早期に申し込み金額を振り込んだ場合の旅行代金を表しています。

筆者の場合、妻とともに乗船しましたが、ペアタイプのスーペリアクラス、ツインベット、定員二名、窓・バス・トイレ付き、六Ｆフロアーで五二〇万（四八〇万円）でした。

このほかに、オプション・ツアー代金（一人）として、カンボジアのアンコールワット遺跡探訪に一五万八〇〇〇円、アマゾンの都市・マナオスとギアナ高地六日間ツアーに三一万八〇〇〇円、ガラパゴス・クルーズとティカル遺跡探訪に四九万八〇〇〇円を要しています。

また、寄港地からの短期ツアーや交流などの代金として、ケニアのマサイマラでのサファリー（一泊）に三万五〇〇〇円など、計三五万円を要しています。

その他、各地ツアーでの買い物など必要時対応のお金として、USドルとユーロ・ドルの換金代一〇〇万円を持っていき、日本円で約四十万円を支出しました。

これらの費用とは別に、三度の船の食事とは別の飲み物代、自宅に節々でかける衛星電話代、クリーニング代、日用品の購入等々、これに相当額を支出しています。

■筆者の持参品

・衣類（春・夏・秋・冬用。ただし、船内売店、寄港地で購入した衣類も多い）、水着
・フォーマルウェア（紺系のスーツ、ネクタイ、黒皮靴、ツーピースなど）
・靴（ビーチ型サンダル、ひも付きサンダル、運動靴、革靴）
・雨具（簡易ビニール雨具、超薄手のヤッケ、折りたたみ式傘）
・帽子（用途に合わせたもの、特に日除け帽子）
・外貨（USドル、ユーロ・ドル）、クレジットカード
・鞄（大小リュック、長短期オプション・ツアー対応の大小スーツケース、デイバッグなど）

・水筒（室内での湯・水用、旅行用。移動の場合、ペットボトルの水が配られる）
・洗面道具（大きめの洗面器）
・筆記用具（小判のノート、メモ用紙、ペン、蛍光ペン、スケッチブックなど）
・カメラ類（デジカメ、予備電池、フィルムなど）
・医薬品（多めの常備薬、虫除け塗布薬、バンドエイドなどの小物）
・体温計／目覚まし時計／電卓／爪切り／耳綿棒／ゴミ袋／紐類
・ガイドブック、または資料／辞書／住所録／クレジットカード
・ノート型パソコン

■その他、参考事項

・病気になれば船内診療室に早めに行くこと。日本国内の健康保険は使えないので高額支払いのように思われるが、保険加入者の場合、後刻、手続きをすれば早いうちに全額戻ってくる。船内で菌などが蔓延すれば大変なので、ほかの人に伝染させないためにも早めに診察を受けたい。
・自分の好みの香辛料や加湿器を持ってきている人もいた。
・簡易な名刺があれば、互いのコミュニケーションのために有効。なお、部屋番号を記入して

いると船内での連絡がしやすくなる。

■**参考にした書籍、パンフレット、HPなど**

インターネット・フリー百科事典「ウィキペディア」(Wikipedia)

ピースボート船内新聞「ニライカナイ」創刊号〜一〇〇号、ピースボート事務局・新聞局編集、二〇〇六年十一月十一日〜二〇〇七年二月二十一日

『ブルーガイド　わがまま歩き』実業之日本社

『地球の歩き方』ダイヤモンド社

株式会社ジャパングレイス発行のパンフレット類

「糸数アブチラガマ」南城市王城発行のパンフレット

「カンボジア旅行案内」NCTカンボジアツアーズ(東京発行)

http://www.mofa.go.jp　「外務省ホームページ」(各国・地域情報)

http://www.japangrace.com

http://www1.btcn.ne.jp

＊本文の地名表記は、「外務省ホームページ」(各国・地域情報)、『新しい社会科地図』(東京

書籍、平成十七年版）、『旅に出たくなる地図』（帝国書院、平成十八年版）による。
＊地名でカタカナ表記が書籍などによって異なる場合は、原則的に英文、または（）で並記し、表記した。

あとがき

この船旅で、四十一年間ともに歩んできた妻・トシ子と同行できたことが、何よりの歓びでした。妻には妻なりの、社会との接点をもった仕事をしたいという生来の夢や人生設計があったことでしょうが、結果として、今日現在、この点では充実感が薄いことと察しています。妻はいつも筆者の後方で、縁の下で、家族、親、筆者を支えることに徹してきたことになります。

かかる意味から言えば、本書の刊行は妻との協同作業の成果であり、その証とも言えます。本書を、長年家族を、親を、筆者を支えて、今日まで「忍」の道を歩んできた妻・トシ子に、感謝を込めて捧げたいと思います。

なお、本書の発行にあたっては、海鳥社の別府大悟編集長に、さまざまな励ましやアドバイスをいただきました。厚くお礼を申し上げます。

祇園全禄

祇園全禄（ぎおん・ぜんろく）
一九三九（昭和十四）年六月十四日、福岡県に生まれる
福岡学芸大学卒業
兵庫教育大学大学院修士課程修了（教育学修士）
前・福岡県教育庁主任指導主事
前・福岡市教育委員会高等学校活性化等担当部長
元・国立弘前大学教育学部教授
元・弘前大学教育学部附属中学校校長（併任）
元・弘前大学生涯学習教育研究センター長（併任）
現・兵庫教育大学大学院非常勤講師
現・福岡大学人文学部大学院非常勤講師
専攻＝社会科教育学、地理教育史
福岡市在住

【著書他】
「社会認識形成の視点からた福岡県地理教育史」（論文）
「大学教育学部教員の授業方法の改善」（論文）
『新中学校社会科授業方略（ストラテジー）の理論と実践・地理編』清水書院（共著）
『社会系教科教育の理論と実践』清水書院（共著）
『社会科観点別基準表』図書文化社（共著）他
現在『福岡県地理教育実践史』（海鳥社）刊行準備中

ピースボート・水球一周《すいきゅういつしゅう》記《き》
三大洋《さんたいよう》101日間《にちかん》の旅《たび》

■

2007年８月18日　第１刷発行

■

著者　祇園全禄
発行者　西　俊明
発行所　有限会社海鳥社
〒810-0074 福岡市中央区大手門３丁目６番13号
電話 092(771)0132　FAX 092(771)2546
http://www.kaichosha-f.co.jp
印刷・製本　有限会社九州コンピュータ印刷
ISBN 978-4-87415-637-7
[定価は表紙カバーに表示]